DEIN BALKON SUMMT!

KOSMOS

INHALT

- **04 JEDER BALKON ZÄHLT**
- 08 Was kann ich tun auf meinem Balkon?
- 13 **Extra:** Naturerlebnisse zu Hause

- **14 INSEKTENFREUNDLICH GÄRTNERN AUF DEM BALKON**
- 18 Die Welt der Töpfe und Kübel
- 20 Erden und Substrate für den Balkon
- 24 Ab in die Erde
- 29 **Extra:** Nachhaltigkeit und Zero Waste auf dem Balkon
- 30 Wasser sammeln und sparen
- 32 Gut versorgt
- 35 **Extra:** Kompostieren auf dem Balkon mit der Wurmkiste
- 36 Pflanzen richtig pflegen

- **42 INSEKTEN AUF DEM BALKON**
- 46 Honigbiene und Wildbienen
- 51 **Extra:** Wespen
- 52 Schmetterlinge
- 56 Käfer
- 59 **Extra:** Insektenlarven – jung und unbekannt
- 60 Fliegen und Netzflügler
- 63 **Extra:** Insekten und ihre Spuren

- **64 PFLANZENKOMBINATIONEN ZUM NACHPFLANZEN**
- 68 Tipps für die Bepflanzung
- 71 Sonnig-heißer Südbalkon
- 77 Halbschattiger bis schattiger Nordbalkon
- 83 **Extra:** Die besten Frühlingsblüher
- 84 Sumpfpflanzen in Kübeln
- 91 **Extra:** Nachts auf dem Balkon
- 92 Doppelter Nutzen
- 99 **Extra:** Die besten Arten für den Herbst
- 100 Bienenbuffet
- 107 Ein Balkon für das Taubenschwänzchen

- **110 WAS INSEKTEN SONST NOCH BRAUCHEN**
- 114 Wasserstellen
- 116 Zum Nisten und Verstecken
- 121 Aufmerksamkeit und Toleranz

- **122 SERVICE**
- 122 Zum Weiterlesen
- 122 Die Autorin
- 123 Register

JEDER BALKON ZÄHLT

Insekten sind nützlich! Sie bestäuben einen Großteil unserer Obst- und Gemüsepflanzen, bauen pflanzliche und tierische Überreste ab und sind Nahrung für zahlreiche Vogel- und Säugetierarten. Das Insektensterben aufzuhalten, hat deshalb eine hohe Priorität. Doch tun wir genug?

Obwohl nicht nur der Insektenschwund, sondern auch dessen Folgen seit Jahren bekannt sind, hat sich an dem Abwärtstrend noch nichts geändert. Dass es nicht nur „gefühlt" weniger Insekten gibt, konnten mittlerweile viele wissenschaftliche Studien nachweisen. Die Ergebnisse sind leider alles andere als ermunternd. Innerhalb von nur 27 Jahren ist die Gesamtmasse der Fluginsekten um 76 Prozent eingebrochen. Von denen, die noch übrig sind und in der Roten Liste geführt werden, weisen 45 Prozent weiterhin abnehmende Bestände auf. Und diese Situation wird sich wahrscheinlich noch verschärfen. Als Hauptauslöser für das Insektensterben gilt die intensive Landwirtschaft, die uns zwar zuverlässig mit Lebensmitteln versorgt, deren Monokulturen und Insektizideinsatz sich jedoch bislang nicht mit einer üppigen Artenvielfalt vereinbaren lassen. Weil aufgrund der aktuellen Krisen wieder mehr Flächen landwirtschaftlich intensiv genutzt werden sollen, bleibt in Zukunft noch weniger Platz für Insekten. Umso wichtiger ist es, kreativ zu werden und den Insekten, wo immer sich die Möglichkeit bietet, Raum zu schaffen. Für Nahrungssuche, Entwicklung, Rückzug und Überwinterung.

Hier kommen unsere Balkone ins Spiel, denn hier können wir weit mehr für diese kleinen Tiere tun, als ihre begrenzte Größe vermuten lässt.

WAS KANN ICH TUN AUF MEINEM BALKON?

Balkone sind klein, geradezu winzig im Vergleich zu einem Garten. Sie schenken nur einer überschaubaren Anzahl von Blumen Platz und haben sonst nicht viel zu bieten. Lohnt es sich überhaupt, einen Balkon insektenfreundlich zu gestalten?

1 Jeder Blumenkasten ist eine Oase.

2 Ein Stadtbalkon als Schlaraffenland für Insekten

WARUM STADTBALKONE SO WERTVOLL SIND

Etwa 58 Millionen Deutsche haben einen Balkon oder eine Terrasse. Selbst wenn jeder dieser Balkone nur 2 oder 3 m^2 hätte, kommt insgesamt dadurch eine riesige Fläche zusammen, die zum Schutz unserer Insekten eingesetzt werden kann. Je mehr Balkone mitmachen, umso besser!

In der freien Landschaft gehen die Insektenbestände flächendeckend zurück, was mit der Lebensraumzerstörung und dem Einsatz von Insektiziden auf Feldern, in Wäldern, im Obst- und Gemüsebau und in Privatgärten zusammenhängt. In Städten hingegen werden deutlich weniger Insektizide eingesetzt – ein großer Vorteil für unsere kleinen Sechsbeiner. Städte werden allerdings nicht umsonst als Betonwüsten bezeichnet. Die vielen versiegelten Flächen stellen Extremstandorte dar. Sie sind zu heiß, zu trocken und werden zu viel betreten und befahren. Hier kann nichts wachsen und auch Tiere finden hier keinen Lebensraum.

WARUM SICH EIN NATURBALKON LOHNT

Jeder Baum und jede unbefestigte Grünfläche gleichen einer Oase in der städtischen Wüste. Das gilt auch für begrünte Balkone. Hier gilt: Je mehr Pflanzen, am besten einheimische Arten, dort angepflanzt werden, je mehr Unterschlupf- und Nistmöglichkeiten Insekten vorfinden, umso wertvoller ist der Balkon.

WER KOMMT ÜBERHAUPT VORBEI?
Das Leben auf einem Balkon ist deutlich vielfältiger als gedacht. Bei einer artenreichen Bepflanzung und der Verwendung von Nisthilfen und Wasserstellen zeigen sich häufig folgende Besucher:

— **Bienen:** Honigbienen, Hummeln, Mauerbienen und viele kleine, unscheinbare Wildbienenarten besuchen auch Balkone.
— **Schmetterlinge:** Einige Tagfalter und viele Nachtfalterarten kannst du entdecken.
— **Schwebfliegen:** Sie werden teilweise mit Bienen verwechselt, können aber viel kunstvoller fliegen – vorwärts, auf der Stelle und sogar rückwärts.
— **Florfliegen:** Ihre Larven findet man oft auf Pflanzen mit Blattlausbefall.
— **Käfer:** Meistens schauen Käfer wie Rosenkäfer oder Marienkäfer nur kurz vorbei, doch Rosenkäferlarven findest du manchmal in der Blumenerde deiner Kübel (das sind keine Schädlinge!).
— **Wespen, Schlupfwespen** (nützliche Wespen!): Unter den Wespenarten sind die meisten völlig harmlos. Sie stechen uns nicht und manche nutzen sogar Nisthilfen.
— **Libellen und andere Wasserinsekten:** So manche Balkonbesitzer:innen erfreuen sich an farbenprächtigen Libellen am Miniteich und deren Larven im Wasser.
— **Heuschrecken, Zikaden, Wanzen:** Sogar sie kommen regelmäßig auf schmackhaft bepflanzten Balkonen vorbei.

SO WIRD DEIN BALKON GEFUNDEN
Balkone sind für Fluginsekten gut zu erreichen. Je tiefer das Stockwerk, umso schneller werden die kleinen Oasen natürlich gefunden und umso mehr Insekten kommen vorbei. Bis etwa

zum zehnten Stock findet sich meistens eine relativ hohe Artenvielfalt ein. Aber auch höher gelegene, luftige und sonnige Balkone werden von einigen Insektenarten gern aufgesucht.

Reichlich bepflanzte Balkone sind für die Sechsbeiner leichter zu finden als solche, auf denen nur wenige Blumen wachsen. Der intensive Duft und die weithin leuchtenden Farben sind wichtige Wegweiser, an denen sich Honigbienen, Wildbienen und Schmetterlinge orientieren können. Aber auch ohne Blüten erkennen viele Insekten ihre Nahrungspflanzen – einfach anhand der individuellen, chemischen Signatur, wie sie jede Pflanze an ihre Umgebung abgibt. Viele flugfähige Wasserinsekten hingegen suchen aktiv nach kleinen Gewässern, in denen ihr Nachwuchs aufwachsen kann, ohne von Fischen gefressen zu werden. Sie spüren einen Miniteich sogar auch auf einem Balkon früher oder später auf.

1 Wespe an Schleierkraut

2 Gehörnte Mauerbiene im Anflug auf eine Nisthilfe

3 Siebenpunkt-Marienkäfer und Blattläuse – Räuber und Beute

4 Schwebfliegen sind ebenso nützliche Bestäuber wie Bienen.

5 Taubenschwänzchen

Daneben suchen manche solitär lebenden Wildbienen sowie die ungefährlichen Grabwespen nach kleinen Hohlräumen in Wänden, in denen sie ihre Brutröhren anlegen können. Sie besiedeln gern Nisthilfen und gehören oft zu den ersten dauerhaften Balkonbewohnern.

Erwischt: erfolgreiche Beutejagd

Frühstart: Ab Februar geht es los.

Wunderschön: Balsam für die Seele

Paarung: auf eine neue Generation!

NATURERLEBNISSE ZU HAUSE

Auf dem Balkon erschaffen wir das (fast) Unmögliche – eine eigene Naturoase inmitten der Stadt. Einen Rückzugsort, an dem wir den urbanen Trubel hinter uns lassen und dabei auch unsere Sehnsucht nach Naturerlebnissen stillen können.

IN VOLLER BLÜTE

Selbst der kleinste Balkon lässt sich in ein prächtiges Blütenmeer verwandeln. Es ist erstaunlich, wie viele Blumentöpfe, Kübel und Pflanzenarten auf wenige Quadratmeter passen. Vom zeitigen Frühjahr, wenn sich die Frühblüher aus der Erde schieben, über den üppigen Sommer bis weit in den Herbst hinein feiert der Balkon ein Blütenfest.

ENTSPANNEND

Spätestens mit dem Öffnen der Krokusse und Traubenhyazinthen geht das Gewusel auf dem Balkon los. Wenn dann im Sommer die Blüte ihren Höhepunkt erreicht, ist schon von Weitem ein herrliches Gesumm vernehmbar.

SPANNEND

In dieser Zeit wird der Balkon zur Kulisse für Geschichten und Dramen aus der Insektenwelt. Familiengründungen, Nestbau, Arbeitsalltag, Nahrungsaufnahme, aber auch wilde Verfolgungsszenen kannst du nun beobachten.

WUNDERSCHÖN UND FASZINIEREND

Wer genau hinsieht, der erkennt, mit welcher Schönheit die Natur unsere Insekten bis ins kleinste Detail ausgestattet hat. Nicht nur die bunten Schmetterlinge.

AKTIV

Nicht nur am Tag, auch nachts tummeln sich zahlreiche Insekten auf dem Balkon. All diese Beobachtungen sind aufregend und entspannend zugleich. Doch in erster Linie sind sie ein Schritt in die richtige Richtung im Kampf gegen das Insektensterben.

Mein Tipp:
Zähle deine Insektenarten und melde sie beim NABU-Insektensommer! Damit hilfst du, Bestandsrückgänge frühzeitig zu erkennen.

INSEKTEN-
FREUNDLICH
GÄRTNERN
AUF DEM
BALKON

Bevor es richtig losgeht, die Pflanzen bestellt und die Töpfe besorgt werden, gibt es noch ein paar Sachen zu klären und zu planen. Dazu gehören nicht nur Überlegungen zur Auswahl geeigneter Pflanzenarten, sondern auch die Berücksichtigung der Grenzen deines Balkons, die durch Statik und Sicherheit gesetzt werden.

Während es in den folgenden Kapiteln intensiv um die Wahl der am besten geeigneten Blumenarten geht, beschäftigen wir uns zunächst mit einigen grundlegenden Themen.

Wie soll der Balkon genutzt werden? Steht der gesamte Platz ausschließlich Kübelpflanzen zur Verfügung oder soll zusätzlich eine Sitzecke vorhanden sein? Ist ein Miniteich geplant? Alle Dinge, die aufgestellt werden, haben ein bestimmtes Gewicht. Ein Balkon ist ein Bauwerk, das über Träger, Konsolen oder Balken an der Fassade eines Hauses angebracht oder davor aufgestellt ist. Seine Traglast ist nicht unbegrenzt. Grundsätzlich muss er zwar ein Gewicht von rund 400 kg pro Quadratmeter aushalten. Das ist aber nicht immer der Fall. Vor allem an alten Gebäuden kann es vorkommen, dass diese Mindest-Traglast nicht eingehalten wird. Vor dem Aufstellen schwerer Pflanzkübel oder eines Miniteichs sollte deshalb unbedingt eine Auskunft beim Vermieter eingeholt werden.

Was gibt es noch zu beachten? Ein Risiko für die Sicherheit kann auch von einem Geländer ausgehen. Ist es stabil genug, um Töpfe und Blumenkästen daran anzubringen? Ist die Sicherheit auch bei Sturm gewährleistet?

Kann eine Bepflanzung Schäden an den Scheiben von Fenstern oder Balkontür verursachen? Zum Beispiel durch Rankgerüste oder Terrakottakübel, die bei Sturm umkippen können.

Alles geklärt? Dann kann es losgehen!

Metallgefäße für robuste Hitzefans

Tongefäße: schön, aber empfindlich

Wenn schon Kunststoff, dann langlebigen

DIE WELT DER TÖPFE UND KÜBEL

Jetzt können Gefäße besorgt werden, die den Ansprüchen der Pflanzen genügen und eventuelle Gewichtslimits und Sicherheitsfragen berücksichtigen. Wie sehen die Vor- und Nachteile der verschiedenen Materialien aus?

———

MATERIAL	VORTEILE	NACHTEILE
Terrakotta und Ton	– Naturmaterial – UV-resistent – temperaturausgleichend im Wurzelraum – atmungsaktiv – standfest – geeignet für große Pflanzen	– schwer – zerbrechlich – frostempfindlich – erhöht den Gießbedarf durch stärkere Verdunstung – teuer
Kunststoff	– geringes Eigengewicht – robust – frostfest – teilweise UV-beständig – günstig oder sogar gratis – verringerter Gießbedarf	– nicht nachhaltig – wenig standfest – nicht temperaturausgleichend – nicht atmungsaktiv
Verbundmaterial (Fiberglas)	– geringes bis mittleres Eigengewicht – robust – frostfest – langlebig – UV-beständig – verringerter Gießbedarf	– nicht nachhaltig – nicht temperaturausgleichend – nicht atmungsaktiv
Metall	– geringes bis mittleres Eigengewicht – robust – frostfest – langlebig – UV-beständig – verringerter Gießbedarf	– nicht nachhaltig – nicht temperaturausgleichend – nicht atmungsaktiv
Holz	– aus Naturmaterial – UV-resistent – temperaturausgleichend im Wurzelraum – atmungsaktiv – standfest – geeignet für große Pflanzen	– mittelschwer bis schwer, erfordert eine wasserundurchlässige Schutzschicht oder Folie, weil es sonst verrottet – relativ teuer

ERDEN UND SUBSTRATE FÜR DEN BALKON

Das Thema Blumenerde ist zum Teil wenig erfreulich für Balkongärtner:innen. Sie ist teuer, sperrig zu transportieren und schwer die Treppe hochzuschleppen. Doch ein hochwertiges Substrat ist unverzichtbar, denn mit ihm steht und fällt der Blumentraum.

Sand kann normaler Blumenerde beigemischt werden, um sie abzumagern.

Die Mischung macht's: Kompost liefert Nährstoffe, Perlit speichert Wasser.

Der knappe Platz im Topf erfordert ein hochwertiges und geeignetes Substrat.

GUTE BLUMENERDE

Einfach Gartenerde in den Topf – und schon wächst es wie verrückt? Das klappt meistens nicht. Oft kommt es dadurch zu faulenden oder vertrocknenden Wurzeln aufgrund von Staunässe oder schlechter Wasseraufnahme. Deshalb braucht es ein spezielles Substrat, das sich einerseits beim Gießen mit Wasser vollsaugt wie ein Schwamm, gleichzeitig aber nicht zusammensackt und noch ausreichend Hohlräume für die Luftzirkulation behält. Außerdem sollte es ein aktives Bodenleben fördern, denn die Erde selbst ist Lebensraum, Unterschlupf und Kinderstube.

Normale Blumenerde aus dem Baumarkt erfüllt diese Voraussetzungen recht gut, enthält allerdings zu viele Nährstoffe für die anspruchslosen Wildblumen. Nährstoffreduzierte Anzucht- und Kräutererde (torffrei) ist wesentlich besser geeignet.

ES GEHT AUCH OHNE TORF

Spezielle Blumenerde enthält oft Torf. Dieser bleibt aber am besten dort, wo er entstanden ist. Zu wichtig sind intakte Moore als Biotope und CO_2-Speicher. Trotzdem halten viele Menschen am Torf als Substrat fest, weil es vermeintlich nichts Besseres gibt. Dabei stehen mittlerweile gute Alternativen zur Verfügung. Kokosfasern haben beispielsweise ähnliche Wasserspeicher- und Belüftungseigenschaften wie Torf. Auch Vermiculite, Perlite und Bims speichern Wasser und belüften. Sie können mit Kokosfasern vermischt werden. Viele Wildblumen gedeihen in einer Mischung aus lehmiger Gartenerde, Sand und Kompost sehr gut (siehe S. 23).

Verbrauchte Blumenerde von gesunden Pflanzen nicht wegschmeißen! Du kannst sie mit Kompost und Biodünger vermischen und für andere Blumenarten wiederverwenden.

1
Lehm speichert Wasser
und Nährstoffe.
2
Kompost liefert Nährstoffe und
verbessert die Substratstruktur.
3
Sand belüftet und
erleichtert den Abfluss überschüssigen Wassers.

SUBSTRAT FÜR KRÄUTER UND DIE MEISTEN WILDBLUMEN

Blumenerde ist nicht gleich Blumenerde. Je nach Verwendungszweck unterscheidet sie sich teils erheblich, weil auch die verschiedenen Pflanzenarten ganz unterschiedliche Ansprüche haben. Viele Wildblumen beispielsweise wachsen an ihren natürlichen Standorten auf nährstoffarmen Böden. Für sie ist eine normale Blumenerde zu nährstoffreich. Sie bilden damit viel Blattmasse, aber oft weniger Blüten, werden anfällig für Krankheiten und Schädlingsbefall und empfindlicher für Frostschäden. Weit besser gedeihen sie in sogenannter Anzucht- und Kräutererde. Diese ist locker und verhältnismäßig nährstoffarm. Eine solche Erde gibt es von verschiedenen Herstellern mittlerweile sogar in der torffreien Alternative. Die Erde ist aber relativ teuer. Du kannst eine ideale Blumenerde für Wildblumen und Kräuter übrigens auch komplett selbst zusammenstellen.

WAS TUN MIT NORMALER BLUMENERDE?

Hast du gerade nur „normale" Blumenerde da und willst sie trotzdem verwenden? Kein Problem! Du kannst sie einfach zu einem Drittel oder zur Hälfte mit Quarzsand oder den bereits genannten Hilfsstoffen (siehe S. 21) mischen und dadurch den Nährstoffgehalt senken.

REZEPT FÜR SELBST GEMACHTE NÄHRSTOFFARME ERDE

1 Das brauchst du: 1/3 lehmige Gartenerde (alternativ Kokosfasern), 1/3 Sand und 1/3 reifen Kompost.

2 Grobe Bestandteile heraussieben oder -sammeln. Alles gründlich mischen.

Optional: Wenn du die Erde als Aussaaterde verwenden willst, sollte sie im Backofen bei 120 °C für 45 Minuten sterilisiert werden, weil sonst Fäulniserreger, unerwünschte Samen und Wurzelschädlinge die jungen Keimlinge schädigen oder schwächen können. Erde vor dem Verwenden auskühlen lassen. Für ältere Pflanzen ist eine Sterilisation der Erde nicht nötig.

3 Für Pflanzen mit höherem Nährstoffbedarf sollte der Kompostanteil erhöht oder Dünger (siehe S. 33) untergemischt werden.

4 Wasser hinzugeben, bis eine feuchte, aber nicht nasse Konsistenz erreicht ist. Anschließend kann die Erde verwendet werden.

AB IN
DIE ERDE

Nun beginnt der spannende Teil! Die Pflanzen kommen in die Erde. Dafür gibt es zwei Möglichkeiten: die Aussaat in eigene Anzuchtgefäße – sie ist günstig und ressourcensparend. Oder die etwas teurere: die Pflanzung bereits vorgezogener Blumen.

1
Die Anzucht in Eierkartons gelingt sehr leicht. Die einzelnen Jungpflanzen werden samt Karton verpflanzt.

2
Sammelaussaaten werden vor dem Verpflanzen pikiert (vereinzelt).

AUSSAAT: DER SAMEN IST ALLER PFLANZEN ANFANG

Bei der Aussaat hast du die Wahl zwischen zwei Möglichkeiten.

Jeder für sich

Du kannst einzelne oder wenige Samen einzeln aussäen – in Anzuchttöpfe oder Multitopfplatten. Das hat den Vorteil, dass die jungen Pflanzen später nicht mehr pikiert (vereinzelt) werden müssen.

Die Anzuchttöpfe können aus Ton und Plastik, aus abbaubaren Kokosfasern oder Zellulose bestehen. Die Ton- und Plastikgefäße können viele Jahre verwendet werden. Die abbaubaren Töpfe haben den Vorteil, dass sie zusammen mit den Keimlingen in größere Töpfe umgepflanzt werden können. Sie eignen sich besonders für empfindliche Jungpflanzen, die Wurzelbeschädigungen durch das Umtopfen schlecht vertragen, zum Beispiel Gurken, aber auch Zucchini und Kürbis.

Zusammen ist man weniger allein

Alternativ kannst du dich für eine gemeinschaftliche Aussaat in größeren Töpfen oder Anzuchtschalen ohne Unterteilung entscheiden. In diesem Fall werden die Jungpflanzen, sofern sie einzeln weiterkultiviert werden sollen, im Zweiblattstadium pikiert. Das bedeutet, dass sie vorsichtig mit einem spitzen Stäbchen aus der Erde gehoben und einzeln in Töpfe gepflanzt werden. Sollen sie gemeinsam weiterwachsen, entfällt dieser Schritt. Deshalb eignet sich die Methode am besten für die Aussaat von Blühmischungen und Balkon-Blumenwiesen, bei der die Samen gleich in die endgültigen Töpfe, Kästen oder Kübel gesät werden. Damit es nicht zu eng wird, ist häufig ein Ausdünnen der dicht stehenden Jungpflanzen nötig.

DIE PFLANZUNG

Egal, ob selbst gezogen oder gekauft, irgendwann kommen die Jungpflanzen in die für sie vorgesehenen Pflanzgefäße. In ihnen kann es jedoch manchmal stressig werden. Bei Sonnenschein laufen sie Gefahr, auszutrocknen. Bei Regen kann es zu Staunässe kommen. Was können wir bei der Pflanzung tun, damit die Blumen später weder vertrocknen noch verfaulen?

Für Wasserablauf sorgen

Außer bei Sumpf- und Wasserpflanzen führt stehendes Wasser im Topf zu Wurzelfäule. Ein ungehinderter Wasserablauf erfolgt über Löcher im Topfboden. Wenn du Pflanzgefäße verwenden willst, die keine Wasserabzugslöcher haben, solltest du diese nachträglich hineinbohren.

Schutz vor Staunässe: Drainage

Damit die Wurzeln der Pflanzen die Löcher im Boden nicht verstopfen, wird zuunterst eine mindestens 2 cm dicke Drainageschicht aus Blähton, kleinen Steinen, Kieseln oder Tonscherben gefüllt. Wird die Drainageschicht mit etwas Baumwollstoff abgedeckt, kann die Blumenerde später leichter ausgetauscht werden, ohne dass die Kiesel oder Scherben umständlich herausgepult werden müssen.

Wasser speichern

Eine praktische Alternative – perfekt für lange Wochenenden, an denen du mal unterwegs bist – sind Kübel und Kästen mit integriertem Wasserspeicher. Diese verlängern die Gießintervalle deutlich und versorgen die Blumen gleichmäßiger und besser mit Wasser. Gefäße ohne integrierten Wasserspeicher können nachträglich mit sogenannten Ollas (Gießbirnen) bestückt werden. Das sind Tongefäße, die mit in den Topf „eingepflanzt" und mit Wasser befüllt werden. Sie geben die Feuchtigkeit nach und nach an das Substrat ab, verbrauchen aber auch relativ viel Platz im Topf. Eine Alternative dazu sind Tonkegel, die mit Flaschen bestückt werden können (siehe S. 31). Sie sind platzsparender, können aber bei Sturm umfallen.

1
Viele alte Gefäße können mithilfe einer Bohrmaschine ein neues Leben als Blumentopf erhalten.

2
Eine Schicht Blähton zuunterst verhindert Staunässe.

EINPFLANZEN SCHRITT FÜR SCHRITT

1 Eine mindestens 2 cm dicke Drainageschicht in den Kübel füllen.

2 Die Drainageschicht mit etwas Baumwollstoff abdecken.

3 Den Kübel etwa bis zur Hälfte mit der gekauften oder selbst gemischten Erde füllen.

4 Die Pflanze/n vorher gut wässern, in das Gefäß einsetzen und den Kübel dann mit so viel Erde auffüllen, dass noch ein 2 cm hoher Gießrand verbleibt. Kleine Töpfe vorsichtig mehrmals auf den Tisch stoßen, damit sich Hohlräume im Substrat schließen und ein guter Kontakt zwischen Wurzeln und Substrat hergestellt wird.

5 Zum Schluss vorsichtig die Erde andrücken und eventuell nachfüllen, falls sie stark zusammengesackt ist.

Von der Küche auf den Balkon

Wurmkompost

Mini-Frühbeet im Glas

Alte Obstkiste

NACHHALTIGKEIT UND ZERO WASTE AUF DEM BALKON

Einfach losziehen und alles einkaufen, was der Handel so anbietet – aus Plastik, in Plastik verpackt, nicht recycelbar, auf Erdölbasis und voller Chemikalien –, das ist weder zeitgemäß, noch im Sinne der Natur. Ganzheitlich betrachtet, richtet es aufgrund des hohen Energieverbrauchs bei Herstellung und Transport und der Umweltzerstörung beim Abbau von Rohstoffen mehr Schaden an, als wir damit Nutzen stiften können.

Wir können auch als Balkongärtner:innen auf Nachhaltigkeit achten. Zero Waste ist zwar auf dem Balkon nicht einfach umzusetzen, weil immer wieder Behälter benötigt und Substrate besorgt werden müssen. Trotzdem gibt es viele Möglichkeiten, den ökologischen Fußabdruck so gering wie möglich zu halten.

IDEEN FÜR ZERO WASTE

Kreative Blumentöpfe: Zinkwannen, Eimer, Siebe etc. zu neuem Leben erwecken.

Second Hand: Töpfe, Gießkannen, Balkonmöbel vom Sperrmüll, Flohmarkt oder aus dem Internet.

Lange Nutzung: Vorhandene Plastiktöpfe nicht wegschmeißen, sondern so lange wie möglich verwenden.

Upcycling: Altglas als Pflanzenglocke oder zum Aufbewahren von Saatgut nutzen.

DIY: Blumenerde aus regionalen Zutaten selber mischen.

Wurmkiste: Eigenen Dünger herstellen.

Direkt vom Produzenten: Pflanzen bei Gärtnereien bestellen, die diese plastikfrei anbieten, Saatgut kaufen, Ableger und Saatgut von Freunden und Familie besorgen.

Selbst vermehrt: Eigenes Saatgut ernten, Ableger machen, Pflanzen teilen.

Bewusst kaufen: Was neu gekauft werden muss, sollte aus Naturmaterialien, kompostierbar oder recyclingfähig sein.

Unbehandeltes Holz verwenden: Obst- oder Weinkisten, Weinfässer, vertikale Beete aus Paletten.

Mein Tipp:
Auf städtischen Friedhöfen sammeln sich Unmengen an Kunststoff-Blumentöpfen an, die entsorgt werden müssen. Frag einfach mal nach, ob du dir welche nehmen darfst.

WASSER SAMMELN UND SPAREN

Das Gießen der Blumen geht nicht nur ins Geld. Weil sich trockene Sommer häufen, sollten wir generell sparsam mit dem kostbaren Nass umgehen. Doch mit einem ausgeklügelten Wassermanagement kannst du Blumen gießen und trotzdem Kosten und Wasser sparen.

———

Wer die Möglichkeit hat, eine Regentonne an ein Fallrohr anzuschließen, kann sich glücklich schätzen. Geht das bei dir nicht? Dann kannst du auch auf andere Art und Weise Wasser auf dem Balkon sammeln.

WASSER SAMMELN AUF DEM BALKON
— Stell Schüsseln dorthin, wo der Regen hinkommt.
— Mit einer Folie oder Plane, die aufgespannt wird, kannst du noch mehr Regen auffangen als mit Schüsseln.
— Fang am besten schon im Winter an, das Wasser zu sammeln.

Wenn über deinem Balkon ein anderer Balkon das Regenwasser abhält, scheiden die Wassersammel-Tipps leider aus. Dennoch gibt es einige Möglichkeiten, wie du in deiner Wohnung an Gießwasser kommen kannst.

1
Tonkegel geben das Wasser langsam und gleichmäßig an das Substrat ab.

2
In Urlaubszeiten kann ein Bewässerungssystem beim Gießen helfen.

WASSER SAMMELN IM HAUSHALT
— Mit einer Schüssel im Waschbecken kannst du das Wasser vom Gemüsewaschen auffangen und in einem Eimer sammeln.
— Übrig gebliebener ungesüßter Tee oder Kaffee kann zum Gießen verwendet werden.
— Auch ungesalzenes Gemüsekochwasser kann vergossen werden.
— Hast du ein Aquarium? Dann nutze den Wasserwechsel zum Blumengießen.

Kluge Kombi: Klee liefert Stickstoff, den der Sonnenhut gut gebrauchen kann.

GUT VERSORGT

Viele Wildpflanzen und Kräuter sind sogenannte Schwachzehrer und daher sehr genügsam. Eine regelmäßige Versorgung mit Flüssigdünger oder Ähnlichem brauchen sie nicht. Ganz ohne Nährstoffe kommen aber auch sie nicht aus.

Kompost

Helle Blätter mit dunklen Adern zeigen einen Nährstoffmangel an.

Hornspäne

DÜNGER FÜR DEN NATURNAHEN BALKON

Beim Umtopfen oder Substratwechsel wird Kompost oder ein anderer organischer Dünger als Nährstofflieferant untergemischt. Wenn die Pflanzen Anzeichen von akutem Nährstoffmangel (z. B. gelblich verfärbte Blätter) zeigen, kann auch zwischendurch mal nachgedüngt werden. Jedoch nicht mit mineralischem Kunstdünger wie Blaukorn, weil die reinen Nährsalze den Bodenlebewesen schaden können, bei Überdosierung sogar den Pflanzen. Eine leichte bis moderate Auffrischung mit organischen Düngern wie (Wurm-)Kompost, Bokashi-Dünger, Pflanzenjauche, Hornspäne, Dungpellets oder rein organischem Biodünger unterstützt und „füttert" hingegen das Bodenleben. Fehlende Mineralstoffe können in Form von Gesteinsmehl in das Substrat gemischt werden.

Vegane Dünger
— Pflanzenjauche
— Kaffee- und Teereste
— Gründüngung mit Leguminosen wie Erbsen, Lupinen oder Klee
— Kochwasser von Gemüse und Reis (ungesalzen)
— Bokashi
— Pflanzenkohle
— Gesteinsmehl

Tierische Dünger
— Wurmkompost
— Hornspäne
— Dungpellets
— Schafwollpellets
— kompostierte, benutzte Kleintierstreu (z. B. von Kaninchen und Meerschweinchen)

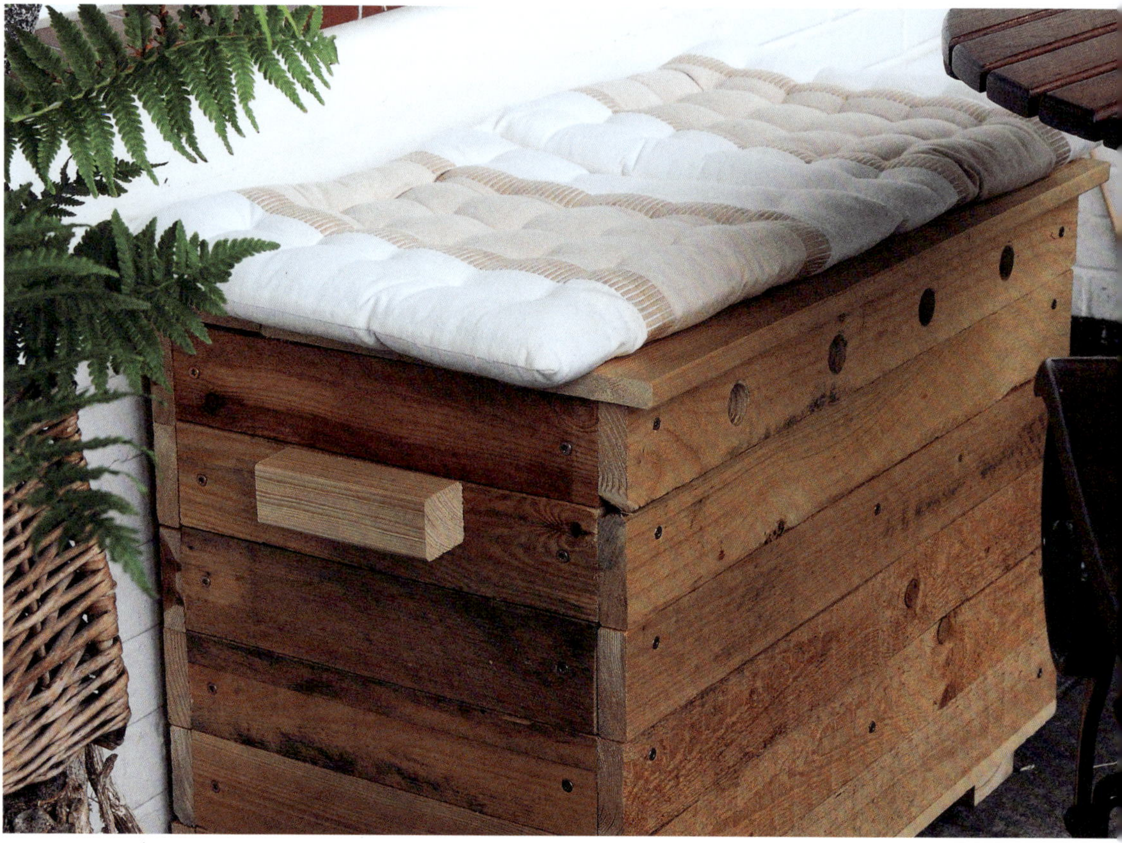

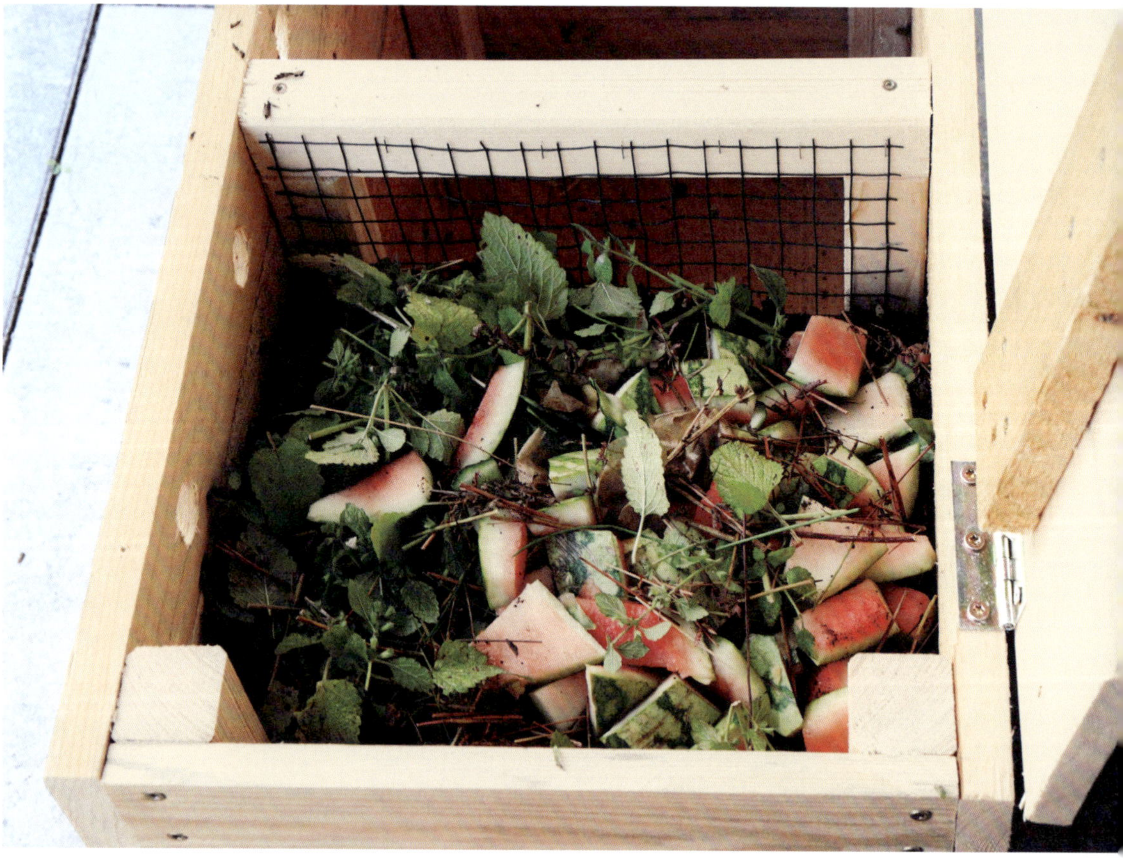

KOMPOSTIEREN AUF DEM BALKON MIT DER WURMKISTE

Biomüll fällt in den meisten Haushalten an. Das Wort „Müll" trifft in diesem Fall nicht ganz zu. Pflanzliche Überreste verdienen eher die Bezeichnung „wertvoller Rohstoff". Statt ihn wegzuwerfen, kannst du lieber eigene Kompostwürmer damit füttern und dadurch hochwertigen, nährstoffreichen Dünger selbst herstellen.

Was du dafür brauchst, ist eine Wurmkiste, Kompostwürmer und natürlich Biomüll.

1 Eine zweikammerige Wurmkiste kaufen oder selbst bauen. Die Trennwand in der Mitte ist für die Würmer passierbar.

2 Den Boden der ersten Kammer der Wurmkiste mit organischen Abfällen befüllen.

3 Kompostwürmer besorgen und einsetzen.

4 Die Kammer allmählich bis oben hin weiter befüllen. Darauf achten, dass das Substrat feucht ist, aber nicht nass. Auch austrocknen darf es nicht.

5 Mit dem Befüllen der zweiten Kammer beginnen. Die Würmer verarbeiten nun die Abfälle der ersten Kammer zu Ende und ziehen in die zweite Kammer mit den frischen Abfällen um.

6 Den reifen Wurmkompost aus der ersten Kammer entnehmen und verwenden. Mit dem erneuten Befüllen beginnen, wenn die zweite Kammer voll ist.

FOLGENDE ORGANISCHE ABFÄLLE EIGNEN SICH

— rohe, gewaschene und schimmelfreie Salat-, Gemüse- und Obstreste
— Bio-Kartoffel- und Bananenschalen
— Rückschnitt der Balkonblumen
— Tee- und Kaffeesatz
— einfaches, ungebleichtes Papier (kein Hochglanz!)
— kleine Mengen benutzte, organische Kleintierstreu
— zerkleinerte Eierschalen

Mein Tipp:
Achtung, die Kiste darf im Sommer nicht zu heiß werden und im Winter nicht durchfrieren. Deshalb geschützt aufstellen!

Manchmal tauchen in den Töpfen große Mengen an Sämlingen auf. Dann heißt es zupfen.

PFLANZEN RICHTIG PFLEGEN

Eine sorgfältig durchgeführte Bepflanzung wächst und gedeiht prächtig. Jetzt wird es Zeit für Pflegemaßnahmen, mit denen die Entwicklung der Blumen gelenkt und für noch bessere Bedingungen gesorgt werden kann.

SCHNEIDEN

Manche Blumen sind ein bisschen faul. Wenn sie einmal geblüht haben, denken sie nur noch an die Samenproduktion und sind dann fertig. Mit einem Trick kannst du die Blütezeit jedoch verlängern. Schneide verblühte Blüten ab – das regt die Pflanze dazu an, neue zu bilden. Das kannst du bis Anfang September machen. Danach bitte nichts mehr abschneiden! Erst im Frühling folgt dann der komplette Rückschnitt. Das ist eine der wichtigsten Regel auf dem Insektenbalkon (und natürlich auch im Insektengarten).

SÄMLINGE JÄTEN

Die vielen Blüten sorgen vor allem für eines – reichlich Nachwuchs. Der macht sich gern in allen möglichen Töpfen breit. Auch Samen aus der Umgebung finden sich ein. Weil das einfach zu viele werden, solltest du immer mal die Töpfe durchschauen und die Keimlinge, die dir zu viel sind, rausziehen.

MULCHEN

Das Substrat im Blumentopf trocknet vor allem an heißen Sommertagen schnell aus und die Blumen leiden Durst.

Doch die hohe Verdunstung lässt sich senken – mit einer Schicht Mulch. Das Substrat im Topf, Kübel oder Kasten wird mit einem Material abgedeckt, das die Wasserverdunstung aus der Erde reduziert und damit den Trockenstress in den Sommermonaten verringert.

Im Winter schützt die Mulchdecke zusätzlich vor starken Temperaturschwankungen und bietet Insekten Unterschlupf.

Geeignete Mulchmaterialien für den Insektenbalkon:
— Laub
— Holzschnitzel
— Pflanzenreste vom Rückschnitt
— Kiesel
— unbehandelte Schafwolle

Rückschnitt abgeblühter Blüten

Sinnvoll: Mulchschicht ausbringen

Blattläuse

Echter Mehltau an Salbei

Schädlingsbefall

WAS TUN, WENN DIE PFLANZEN KRANK SIND?

Töpfe und Kübel bieten den Pflanzen weniger Raum für die Wurzeln als ein Standort im Gartenbeet. Auch eine ausgeglichene Nährstoff- und Wasserversorgung ist deutlich schwerer zu verwirklichen. Das schwächt die Balkonpflanzen, weswegen sie häufiger mit dem Befall von Krankheitserregern und Schädlingen zu kämpfen haben.

Wenn das passiert – keine Panik. Oft kann Mehltau allein durch das Umtopfen in ein größeres Gefäß mit geeigneterem Substrat oder durch ein besseres Wassermanagement zurückgedrängt werden.

Gegen Blattlausbefall kommen im Laufe des Sommers meistens deren natürliche Gegenspieler herbei. Marienkäfer- und Florfliegenlarven freuen sich ebenso über diese leckeren Happen wie Meisen und Spatzen. Für sie stellen Blattläuse einen wichtigen Bestandteil auf ihrem Speiseplan dar und sind deshalb sogar eine Bereicherung für den Balkon. Wenn die Läuse jedoch auf stark geschwächte Pflanzen treffen, können sie diese in relativ kurzer Zeit so stark schädigen, dass sie eingehen. Deshalb macht es Sinn, mit pflanzenstärkenden Maßnahmen einem übermäßigen Befall vorzubeugen.

Besser vorbeugen ...
— Ausreichend große Pflanzgefäße wählen.
— Geeignetes Substrat verwenden (siehe S. 20 bis 23).
— Nicht zu wenig düngen (auf Mangelerscheinungen wie gelbe Blätter, dunkelgrüne Adern und Kümmerwuchs achten und gegebenenfalls mit Kompost oder Biodünger nachdüngen).
— Pflanzen mit geringem Nährstoffbedarf nur sparsam mit Stickstoff düngen, denn überdüngte Pflanzen wachsen erst kräftig

Rostpilz

Selbst gemachter Brennnesselsud

und sattgrün, werden dann jedoch schnell von Mehltaupilzen befallen.
— Auf eine gleichmäßige Wasserversorgung achten – Ollas, Bewässerungskegel oder andere Bewässerungssysteme als Hilfsmittel verwenden.
— Verbrauchtes Pflanzsubstrat nach etwa zwei Jahren erneuern oder mit Kompost/Biodünger aufwerten.
— Die Pflanzen bei der Erneuerung des Substrats umtopfen, teilen oder verkleinern.
— Unterschlüpfe und Nisthilfen für die Fressfeinde von Blattläusen bereitstellen.
— Pflanzen zur Stärkung mit Kräuterbrühe oder -jauche gießen. In diesem Bereich gibt es viele hervorragende Rezepturen, die für ihre kräftigenden und schützenden Wirkungen bekannt sind. So hilft ein Brennnesselsud gegen Blattläuse und eine Brühe aus Schachtelhalm schützt die Pflanze vor Pilzkrankheiten.

... als behandeln
Wenn sich trotz dieser vorbeugenden Maßnahmen Blattläuse stark ausbreiten oder Pilzkrankheiten einfinden, dann helfen die folgenden sanften Behandlungsmethoden, die sich auch auf dem kleinsten Balkon durchführen lassen:

Milch gegen Pilzinfektionen: Verdünne Milch im Verhältnis 1:8 mit Wasser und sprühe diese Flüssigkeit – am besten mehrmals wöchentlich – auf befallene oder gefährdete Pflanzen. Das hilft.

Mechanische Maßnahmen gegen Blattläuse: Diese einfache, aber effektive Bekämpfung ist ein bisschen eklig und vielleicht nicht für jede:n etwas. Blattläuse mit den Fingern einfach abstreifen, der Befall wird so deutlich gesenkt. Noch effektiver ist es, wenn die Finger dafür mit Klebestreifen umwickelt werden.

Ein Winterschutz für den Topf ist auch für robuste Pflanzen zu empfehlen.

Wasser sollte nicht dauerhaft im Untersetzer stehen. Lieber ab und zu abgießen.

DER BALKON IM WINTER

In der kalten Jahreszeit hält der Balkon Winterschlaf. Mit wenigen Handgriffen kannst du dafür sorgen, dass Blumen und Insekten diese Monate gut überstehen.

Schutz vor Kälte

Viele Pflanzen auf dem Balkon benötigen im Winter entweder einen Schutz mit Kokosmatten, Jute oder Vlies oder sollten sogar in die Wohnung geholt werden. Einheimische Wildstauden brauchen hingegen keinen Schutz vor der Kälte, weil sie robust und an die kalten Temperaturen in unseren Breiten angepasst sind. Jedoch leiden sie unter den teils starken Temperaturschwankungen. Diese entstehen, wenn sich an sonnigen Wintertagen das Substrat in ungeschützten Kübeln stark erwärmt. Weil die Töpfe oberirdisch stehen und der Kälte viel Angriffsfläche bieten, passiert das viel stärker als bei der Erde im Garten. Dadurch werden die eingetopften Pflanzen früher als normal zum Austreiben angeregt. In eventuell darauf folgenden eisigen Nächten kann die Kälte jedoch Schäden an dem frischen Austrieb anrichten.

Außerdem verlängert man durch einen Winterschutz die Lebensdauer von Terrakotta- oder Tontöpfen. Diese saugen sich mit Wasser voll und platzen, wenn das Wasser gefriert. Solche Frostschäden können mit Kokosmatten und Co. verringert werden.

Zart besaitete Arten

Meistens sind nicht alle Pflanzen auf dem Balkon einheimisch und robust. Bei manchen frostempfindlichen Pflanzen wie mediterranen Küchenkräutern und Zierpflanzen kommst du um eine Überwinterung im Haus nicht herum. Dafür benötigst du einen möglichst

Laubschicht als Schutz vor Kälte und Austrocknung

Auch, wenn es vielleicht schwerfällt: Stängel bis zum Frühjahr stehen lassen

Mein Tipp:
Wenn du keinen kühlen Raum für die Überwinterung hast, dann achte am besten schon bei der Planung der Bepflanzung und beim Kauf auf eine gute Winterfestigkeit der Pflanzen.

hellen und kühlen Platz (ca. 10 °C wären optimal). In zu dunklen und zu warmen Räumen überleben viele Pflanzen den Winter nicht. Je wärmer ein Raum ist, umso heller sollte er sein.

Ein Auge auf das Wasser haben
Auch im Winter sollten wir ab und zu nach den Balkonpflanzen sehen, besonders wenn es viel oder sehr wenig geregnet hat. Zum einen ist ein guter Wasserabfluss wichtig, damit die Wurzeln nicht faulen. Zum anderen benötigen Topfpflanzen im Winter Wasser, vor allem die immergrünen. Wenn das Wetter mehrere Tage frostfrei, trocken und sonnig ist, sollten sie deshalb gegossen werden.

Große Töpfe
Kleine Blumentöpfe frieren schneller durch als große – eigentlich klar. In ihnen finden die Wurzeln kaum Stellen, an denen sie nicht in Kontakt mit der besonders kalten Topfaußenwand sind. Deshalb sind große Töpfe für die Überwinterung besser geeignet als kleine.

Unterschlupf für Insekten
Ein insektenfreundlicher Balkon hat den Vorteil, dass er relativ wenig Arbeit macht. Das gilt besonders für die Wintervorbereitung. Ein Rückschnitt der Pflanzen im Herbst ist unnötig und sogar unsinnig – er bringt die Insekten um ihre Winterquartiere. Vor allem abgestorbene Blätter und hohle Stängel bieten ihnen Schutz vor Kälte, Wind und Regen. Auch der Nachwuchs befindet sich in Form von Eiern, Larven und Puppen zum Teil an den Pflanzen. Das kommt außerdem Vögeln wie dem Zaunkönig zugute, der auch im Winter Insekten als Nahrung benötigt. Deshalb sollten die Stängel unbedingt stehen bleiben.

INSEKTEN AUF DEM BALKON

Auf einem Balkon ist nicht viel los? Von wegen! Ich habe schon unzählige tolle Beobachtungen auf meinem Balkon gemacht und dokumentiert. Bietet man den Tieren, was sie brauchen, wissen sie das auch zu schätzen.

Wer kommt kurz vorbei? Wenn Blumen und Kräuter wie Lavendel, Schnittlauch und Flockenblume blühen, dann sind sie da – die fleißigen Honigbienen und Hummeln. Sie sammeln Pollen und Nektar und tragen diese zurück zu ihren Völkern. Sie sind zuverlässige Gäste an sonnigen und warmen Tagen. Ihnen tun es viele weitere, oft unscheinbare Wildbienenarten gleich, genauso wie die meisten Schmetterlinge.

Wer bleibt länger? Vielleicht sind die ersten Insekten, die auf unseren reich bepflanzten Balkonen direkt eine Kinderstube gründen, keine geringeren als Blattläuse! Aber keine Panik! Denn ihnen folgen die Marienkäfer und Florfliegen, die nun ihrerseits den Nährwert des wild-schönen Balkons entdecken und ihren Nachwuchs da lassen. Der sorgt dafür, dass die Blattlauskolonie ebenso schnell wieder verschwindet, wie sie gekommen ist.

An den Nisthilfen finden sich ebenfalls recht schnell die ersten Mieter ein – darunter meistens die Rostrote und die Gehörnte Mauerbiene, aber auch Blattschneiderbienen und kleine, völlig ungefährliche Wespenarten.

In der Erde der Blumentöpfe findet sich manchmal eine besonders dicke Überraschung. Rosenkäfer legen ihre Eier gern in organisches Pflanzsubstrat. Daraus wachsen stattliche Engerlinge heran, die sich von abgestorbenen Pflanzenresten ernähren. Keine Sorge. Sie schaden den Blumen nicht.

HONIGBIENE UND WILDBIENEN

WESTLICHE HONIGBIENE
Apis mellifera

BESCHREIBUNG: Das staatenbildende Insekt wird zur Honigproduktion genutzt. Es gibt sie in zahlreichen Unterarten und Rassen. Da sie von Imkern gehalten und gepflegt wird (Nisthilfen werden bereitgestellt), zählt sie nicht zu den wilden Insektenarten auf dem Balkon.

ANSPRÜCHE: Braucht nektar- und pollengefüllte Blüten von Frühling bis Herbst. Sie ist allerdings nicht wählerisch, was die Pflanzenarten angeht.

ROSTROTE MAUERBIENE
Osmia bicornis

BESCHREIBUNG: Die solitäre Wildbiene mit rötlichem Pelz fliegt von Anfang April bis Anfang Juni. Baut Brutzellen in schmale Nistgänge und kann häufig an Nisthilfen beobachtet werden.

ANSPRÜCHE: Nistet gern auf dem Balkon, wenn Pappröhrchen, Schilfstängel oder Bohrgänge im Holz zur Anlage ihrer Brutzellen zur Verfügung gestellt werden. Braucht nektar- sowie pollenreiche Frühblüher und Lehm als Verschlussmaterial.

GEHÖRNTE MAUERBIENE
Osmia cornuta

BLATTSCHNEIDERBIENEN
Megachile spp.

BESCHREIBUNG: Die häufig vorkommende, solitäre Wildbiene hat einen rötlichen Pelz. Die Weibchen besitzen am Kopf zusätzlich zu den Fühlern kleine Hörnchen. Fliegt von März bis Anfang Juni. Baut Brutzellen in kleine Hohlräume.

ANSPRÜCHE: Nistet auf dem Balkon in Pappröhrchen, Schilfstängeln und Holzbohrungen. Benötigt frühe Frühblüher wie Krokus oder Blaustern und späte wie Traubenhyazinthe oder Wild-Tulpe sowie Lehm als Verschlussmaterial für die Brutzellen.

BESCHREIBUNG: Solitäre Wildbienen mit kräftigen Mundwerkzeugen zum Schneiden von Blättern. Fliegen überwiegend von Mai bis August, teilweise bis Oktober.

ANSPRÜCHE: Nisten auf dem Balkon in Pappröhrchen, Schilfstängeln und Holzbohrungen oder graben Löcher in die Blumenerde. Benötigen geeignete Blätter (z. B. Luzerne, Rosen) für das Auskleiden und den Verschluss der Brutzellen.

GARTEN-WOLLBIENE
Anthidium manicatum

GEMEINE SEIDENBIENE
Colletes daviesanus

BESCHREIBUNG: Schwarzgelbe, solitäre Wildbiene, die mit kräftigen Mundwerkzeugen wollige Fasern von Pflanzen abschneidet. Fliegt von Juni bis Oktober.

ANSPRÜCHE: Sammelt Pollen und Nektar an verschiedenen Pflanzenarten. Baut in Hohlräumen wie Ritzen, Spalten und Löchern im Mauerwerk oder Totholz. Benötigt filzige Blumen wie Kronen-Lichtnelke und Woll-Ziest, mit deren Wolle sie das Nest verschließt.

BESCHREIBUNG: Zierliche, weniger als 1 cm kleine, solitäre Wildbiene mit braunem Pelz auf Kopf und Vorderleib. Fliegt von Juni bis August.

ANSPRÜCHE: Baut ihre Brutgänge in aufrechte, verdichtete Lehm- und Sandwände. Nimmt auch vorhandene Gänge mit einem Durchmesser von 5 mm an. Sammelt nur Nektar und Pollen von Korbblütlern, am liebsten von Rainfarn und Schafgarbe.

STEINHUMMEL
Bombus lapidarius

BESCHREIBUNG: Staatenbildende, schwarze Wildbiene mit rotbrauner Hinterleibspitze. Fliegt von März bis Oktober.

ANSPRÜCHE: Nistet nicht auf Balkonen, sondern in der Erde unter Steinhaufen und Trockenmauern. Ist aber ein häufiger Gast an Blüten auf dem Balkon. Benötigt Früh-, Sommer- und Herbstblüher. Sammelt außerdem sehr gern Pollen und Nektar an Klee-Arten wie Hornklee und Weiß-Klee.

GARTENHUMMEL
Bombus hortorum

BESCHREIBUNG: Große Hummel mit typischer, schwarz-weiß-gelber Zeichnung. Sie ist staatenbildend und fliegt von März bis September.

ANSPRÜCHE: Baut ihre Nester entweder auf oder im Boden oder in Scheunen, Ställen, auf Dachböden. Sammelt bevorzugt Nektar aus Blüten mit langen Kelchen, z. B. Klee-Arten, Flockenblumen, Disteln, Thymian. Benötigt Früh-, Sommer- und Herbstblüher.

Gemeine Wespe

Schlupfwespen

Blattwespen-Raupen

Feldwespe am Nest

WESPEN

Ein Wespennest auf dem Balkon ist nichts für schwache Nerven und gehört zweifellos in die Hände eines Fachmannes, der diese Tiere umsiedeln kann. Aber Wespe ist nicht gleich Wespe.

Beim Thema Wespen hört die Insektenliebe bei vielen Balkonbesitzer:innen auf. Kein Wunder, machen es uns diese Tiere wirklich schwer, sie zu mögen. Sie belästigen uns beim Kuchenessen und wehren sich mit einem schmerzhaften Stich, wenn man sie aus Versehen berührt oder vertreiben möchte.

Aufdringlich und wehrhaft sind jedoch hauptsächlich zwei Arten, die Deutsche und die Gemeine Wespe (*Vespula germanica* und *Vespula vulgaris*). Viele weitere Arten, die das Wort „Wespe" in ihrem Namen tragen, sind weit weniger problematisch oder sogar völlig harmlos. Die meisten von ihnen leben unauffällig und sind weder angriffslustig noch an unserem Kuchen interessiert. Stattdessen sind sie, wie alle Wespen, wichtige Bestäuber und „Schädlings"-Bekämpfer. Sie bereichern die Artenvielfalt enorm und übernehmen wichtige Aufgaben in einem funktionierenden, ökologischen Gleichgewicht.

HAUS-FELDWESPE

Sie ähnelt der Gemeinen Wespe, doch bei genauerem Hinsehen fallen die rötlichen Fühler auf. Die längeren Beine hängen im Flug herab. Ihre Nester haben einen Stiel, aber keine schützende Hülle. Feldwespen sind Insektenjäger, trinken aber auch Nektar. Unser Essen interessiert sie nicht. Sie besitzen zwar einen Giftstachel, setzen diesen aber nur bei massiven Störungen ein.

SCHLUPFWESPEN

Die Lebensweise der Schlupfwespen ist grausam und faszinierend zugleich. Sie besitzen einen Legestachel, mit dem sie ihre Beutetiere anstechen und ihre Eier hineinlegen. Die Larven entwickeln sich im Inneren der Beutetiere. Einige Schlupfwespen (z. B. *Aphidius matricariae*) werden als Nützlinge eingesetzt, weil sie Blattläuse parasitieren. Menschen stechen sie nicht.

BLATTWESPEN

Die Larven der Blattwespen ernähren sich bei vielen Arten von den Blättern ihrer Wirtspflanzen. Dabei können sie ganze Pflanzen kahl fressen. Allerdings nur, wenn sie nicht von hungrigen Vogeleltern gefunden werden, denn für die Küken sind sie ein wichtiges Proteinfutter.

SCHMETTERLINGE

ADMIRAL
Vanessa atalanta

ZITRONENFALTER
Gonepteryx rhamni

BESCHREIBUNG: Großer Edelfalter mit weißen Flecken und orange-roten Binden auf schwarzen Flügeln. Fliegt von Mai bis Oktober.

ANSPRÜCHE: Die Falter saugen u. a. an den Blüten von Obstbäumen, Sommerflieder und Wasserdost. Im Herbst sind Efeublüten eine wichtige Nahrungsquelle vor der Überwinterung. Die Eier werden an im Halbschatten wachsenden Brennnesseln (*Urtica dioica*) abgelegt.

BESCHREIBUNG: Besonders auffällig sind die zitronengelb gefärbten Männchen, die Weibchen sind grünlich-weiß. Ist im Frühling einer der ersten Schmetterlinge. Flugzeit von Februar/März bis Oktober.

ANSPRÜCHE: Trinkt im Frühling Nektar an Obstbäumen, später an violetten Sommerblumen (Flockenblumen, Blut-Weiderich, Disteln). Die Eiablage findet vor allem an Faulbaum und Purgier-Kreuzdorn statt.

TAGPFAUENAUGE
Aglais io

KLEINER FUCHS
Aglais urticae

BESCHREIBUNG: Rostbrauner Edelfalter mit den unverkennbaren, bunten Augenflecken auf Vorder- und Hinterflügeln. Lange Flugzeit von März bis Oktober.

ANSPRÜCHE: Die Falter benötigen ein Nektarangebot von Frühling bis Herbst (Frühblüher, blühende Obstbäume, violette Sommerblumen, Efeu). Die Eier werden an im Halbschatten wachsenden Brennnesseln *(Urtica dioica)* abgelegt.

BESCHREIBUNG: Relativ kleiner, orangefarbener Edelfalter mit schwarz-weiß-gelbem Fleckenmuster und einem blauen Fleckensaum auf den Flügeln. Flugzeit Februar/März bis Oktober.

ANSPRÜCHE: Trinkt gern an Frühblühern und benötigt ein Nektarangebot von Frühling bis Herbst. Oft an pinken, violetten und blauen Blüten. Die Eier werden an in der Sonne wachsenden Brennnesseln *(Urtica dioica)* abgelegt.

KLEINER KOHLWEISSLING
Pieris rapae

TAUBENSCHWÄNZCHEN
Macroglossum stellatarum

BESCHREIBUNG: Häufig vorkommender, weißer Tagfalter mit grauen Flecken auf weißen Flügeln. Gilt wegen seiner Raupenfutterpflanzen und hohen Vermehrungsrate im Gemüsebau als Schädling. Fliegt von März bis Oktober.

ANSPRÜCHE: Trinkt an vielen verschiedenen Arten, besonders gern an Kreuzblütlern. An ihnen legen die Schmetterlinge auch ihre Eier ab (z. B. an Raps, Rucola, Kohlarten).

BESCHREIBUNG: Sehr attraktiver, tagaktiver Nachtfalter, der oft an Balkonblumen Nektar trinkt. Sein Flugbild ähnelt dem eines Kolibris. Der Wanderfalter ist bei uns von April bis Oktober zu sehen.

ANSPRÜCHE: Hat einen sehr hohen Energieverbrauch und benötigt viele, nektarreiche Blüten wie Klee, Spornblume, Storchschnäbel, Sommerflieder, Weidenröschen, Disteln oder Nelken. Die Eiablage erfolgt an Labkräutern.

MITTLERER WEINSCHWÄRMER
Deilephila elpenor

KÖNIGSKERZEN-MÖNCH
Cucullia verbasci

BESCHREIBUNG: Attraktiv gezeichneter Nachtfalter mit pink-violettem Muster auf olivfarbenen Flügeln und Körper. Flugzeit von Mai bis Juli.

ANSPRÜCHE: Der Schwärmer benötigt Blüten, die nachts geöffnet und nektarführend sind wie Nachtkerze, Nachtviole, Jelängerjelieber und Weidenröschen. Als Raupenfutterpflanzen werden z. B. Schmalblättriges Weidenröschen und Blut-Weiderich genutzt.

BESCHREIBUNG: Unauffälliger Nachtfalter, der einem trockenen Zweigstück ähnelt. Meist werden die Raupen an Königskerzen entdeckt (siehe S. 58). Flugzeit von April bis Juli.

ANSPRÜCHE: Benötigt Blüten, die nachts geöffnet und nektarführend sind wie Nachtkerze, Nachtviole, Jelängerjelieber und Weidenröschen. Raupenfutterpflanzen sind verschiedene Königskerzenarten, z. B. Schwarze, Kleinblütige, Großblütige und Mehlige Königskerze.

KÄFER

SIEBENPUNKT-MARIENKÄFER
Coccinella septempunctata

BESCHREIBUNG: Die wohl bekannteste Marienkäferart. Trägt auf den orange-roten Deckflügeln insgesamt sieben schwarze Punkte. Wegen des Asiatischen Marienkäfers im Bestand zurückgegangen. Von März bis Oktober anzutreffen.

ANSPRÜCHE: Legt seine Eier an von Blattläusen befallenen Pflanzen, die dann den Larven und Käfern als Nahrung dienen. Benötigt für die Überwinterung Hohlräume zwischen Moos, Holz und Laub.

ASIATISCHER MARIENKÄFER
Harmonia axyridis

BESCHREIBUNG: Aus Asien stammende Marienkäferart, die sich bei uns stark ausgebreitet hat. Sehr variabel gezeichnet. Sowohl rote Deckflügel mit schwarzen Punkte als auch umgekehrt. Mit unterschiedlicher Punktzahl.

ANSPRÜCHE: Ein noch effektiverer Blattlausjäger als der Siebenpunkt-Marienkäfer, der allerdings auch Eier, Larven und Puppen anderer Insekten frisst. Ähnliche Lebensweise wie *Coccinella septempunctata*.

GOLDGLÄNZENDER ROSENKÄFER
Cetonia aurata

BESCHREIBUNG: Großer, metallisch grün-bronzefarben glänzender Käfer mit weißen Querrillen, der oft auf Blüten sitzt. Fliegt von April bis Oktober.

ANSPRÜCHE: Die Käfer fressen Pollen und saugen Pflanzensäfte an Rosen, Doldenblütlern, Holunder und Obstbäumen. Sie legen ihre Eier bisweilen in die Blumenerde großer Pflanzkübel, wo die Larven sich von verrottendem, organischem Pflanzenmaterial ernähren.

SCHWIMMKÄFER
Dytiscidae

BESCHREIBUNG: Umfangreiche Familie schwimmfähiger Käfer, von denen viele gut fliegen können. Größe zwischen 2 und 40 mm. Größere Arten atmen an der Wasseroberfläche Luft mit dem Hinterleib. Kleinere Arten besiedeln auf dem Balkon auch Miniteiche.

ANSPRÜCHE: Käfer und Larven fressen Mückenlarven, Wasserflöhe und andere Wassertiere. Wasserpflanzen sichern die Sauerstoffversorgung.

Marienkäfer-Larve beim Frühstück

Engerlinge

Königskerzen-Mönch an
seiner Lieblingsfutterpflanze

Raupen des Kleinen Kohlweißlings
an Kohl

INSEKTENLARVEN – JUNG UND UNBEKANNT

Nicht nur ausgewachsene Insekten, die sogenannten Imagines, tummeln sich auf dem Balkon. Einige Arten verbringen hier bereits ihre Jugendstadien. Sie finden sich unter anderem als Raupen, Larven oder Engerlinge an Blättern oder in der Blumenerde.

HARMLOSE ENGERLINGE:
LARVEN DES ROSENKÄFERS

Wenn sogenannte Engerlinge beim Umtopfen in der Blumenerde entdeckt werden, dann handelt es sich mit großer Sicherheit um die Larven des Goldglänzenden Rosenkäfers (*Cetonia aurata*). Sie sind für die Pflanzen völlig ungefährlich, weil sie sich lediglich von dem abgestorbenen Pflanzenmaterial ernähren, aus dem die Blumenerde besteht. Dabei stellen sie einen hochwertigen Humus her, ähnlich dem Wurmhumus, und verbessern die Qualität des Substrats sogar.

Die Engerlinge werden bis zu 5 cm groß und besitzen ein deutlich verdicktes, dunkles Hinterteil. Sie haben kurze Stummelbeinchen, die sie nicht nutzen, wenn man sie auf eine Unterlage legt. Stattdessen drehen sie sich auf den Rücken und kriechen davon. Am Ende ihrer zweijährigen Entwicklungszeit bauen sie sich einen festen, rundlich-ovalen Kokon aus den Bestandteilen der Blumenerde.

BLATTLAUSVERTILGER:
MARIENKÄFER-LARVEN

Der Siebenpunkt-Marienkäfer (*Coccinella septempunctata*) legt seine Eier dort ab, wo es genug Nahrung in Form von Blattläusen für seine Larven gibt. Ein einziges Gelege umfasst rund 400 Eier. Daraus schlüpfen die grauschwarzen Larven, die an den orangefarbenen Flecken und dem dornenbesetzten Körper gut zu erkennen sind. Jede Larve vertilgt bis zur Verpuppung um die 400 Blattläuse.

BEZAUBERND SCHÖN:
LARVEN DES KÖNIGSKERZEN-MÖNCHS

Der Königskerzen-Mönch (*Cucullia verbasci*) ist ein wärmeliebender Nachtfalter, der seinem Namen entsprechend seine Eier an Königskerzen ablegt. Dort sind die gelblich-grünorange gefärbten Raupen mit den schwarzen Punkten ab Mai gut zu entdecken. Nur wenige Exemplare erreichen das Puppenstadium, weil die meisten von Brackwespen parasitiert oder von Feldwespen gefangen werden.

GEMÜSEFANS:
KOHLWEISSLINGSRAUPEN

Nicht viele Tagfalter legen ihre Eier auf Balkonen ab. Einer der wenigen ist der Kleine Kohlweißling (*Pieris rapae*). Sofern er dort seine Raupenpflanzen (z. B. Kohl, Rucola, Raps) findet, heftet er die Eier einzeln an deren Blätter. Die grünen Raupen machen sich alsbald an die Arbeit und fressen große Löcher in die Blätter. Sie gelten zwar als Schädlinge, werden auf Balkonen jedoch selten zum Problem. Meistens werden sie zügig von Meisen abgesammelt oder von Schlupfwespen parasitiert, bevor es zu einem totalen Kahlfraß kommt.

FLIEGEN UND NETZFLÜGLER

HAIN-SCHWEBFLIEGE
Episyrphus balteatus

BESCHREIBUNG: Kleine Fliege mit wespenähnlicher Körperzeichnung. Kann auf der Stelle fliegen. Sie ist häufig auf Blüten zu finden und eine wichtige Bestäuberin. Fliegt von März bis Oktober.

ANSPRÜCHE: Besonders Doldenblütler (z. B. Wilde Möhre, Fenchel) und Korblütler (z. B. Färberkamille) werden von den Fliegen zur Nahrungsaufnahme aufgesucht. Die Larven gelten als Nützlinge, weil sie Blattläuse und Blattwespenlarven fressen.

GROSSER WOLLSCHWEBER
Bombylius major

BESCHREIBUNG: Etwa 1 cm große, rundliche, beige-braun behaarte Fliege mit langem Saugrüssel. Fliegt schwebend kolibriartig beim Nektartrinken. Flugzeit von Ende März bis Juni.

ANSPRÜCHE: Die Fliegen benötigen Frühblüher, gern mit röhrenförmigen Blüten wie bei Traubenhyazinthen. Die Larven ernähren sich parasitoid von im Boden nistenden Grabwespen und Solitärbienen und von den Raupen bestimmter Schmetterlingsarten.

GRÜNE FLORFLIEGE
Chrysoperla carnea

BESCHREIBUNG: Hellgrüner bis bräunlicher, schlanker Netzflügler mit dachartig angelegten Flügeln. Flugzeit von April bis Oktober.

ANSPRÜCHE: Ausgewachsene Florfliegen benötigen Pollen und Nektar als Nahrung, auch Honigtau von Blattläusen. Sie überwintern an geschützten Orten in Totholz und unter Laub, im geheizten Haus überleben sie nicht. Die Larven – auch Blattlauslöwen genannt – ernähren sich von Blattläusen und Spinnmilben.

GEFLECKTFLÜGLIGE AMEISENJUNGFER
Euroleon nostras

BESCHREIBUNG: Libellenähnlicher, dunkel gefärbter, schlanker Netzflügler mit dachartig angelegten, gefleckten Flügeln und keulenartigen Fühlern. Flugzeit von Juni bis September.

ANSPRÜCHE: Ameisenjungfer und Larve (Ameisenlöwe) ernähren sich von Insekten und Spinnen. Die Larven benötigen regengeschützte, vegetationsfreie Stellen aus feinem Sand (Sandarium), in denen sie ihre Fangtrichter bauen können.

Marienkäfer-Eier

Hülle einer Libellenpuppe

Schwebfliegen-Larve

Raupe vom Königskerzen-Mönch

INSEKTEN UND IHRE SPUREN

Manche Insekten müssen sich gar nicht persönlich zeigen. Dass sie da sind oder zumindest da waren, verraten sie auch durch ihre typischen Spuren, seien es Eier, Fraßspuren, Puppen, Larven oder Hüllen.

EIER

Eine ganze Reihe von Insekten legt ihre Eier auf der Ober- oder Unterseite von Blättern ab. Bei einer gründlichen Untersuchung lassen sich vor allem die Gelege von Schmetterlingen, Marienkäfern oder Florfliegen entdecken, wenn diese in kleinen Paketen oder Grüppchen abgelegt werden. Schwieriger wird es bei Eiern, die einzeln an den Blättern haften. Sie werden schnell übersehen, vor allem wenn sie den gleichen Farbton wie das Blatt aufweisen.

FRASSSPUREN

Zugegebenermaßen können diese Spuren etwas ärgerlich sein. Angefressene Blätter sind nicht sonderlich ästhetisch und je nach Ausmaß leidet die Pflanze darunter. Aber Fraßschäden gehören zu einem insektenfreundlichen Balkon dazu und können einen auf die Spur von manch interessantem Besucher führen, zum Beispiel vom Königskerzen-Mönch. Aber nicht jedes Loch im Blatt stammt von einer Raupe. Mit ihren scherenartigen Mundwerkzeugen schneiden sich ebenso Blattschneiderbienen runde Stücke heraus.

LARVEN

Wie die fertigen Insekten aussehen, ist uns bei der einen oder anderen Art bekannt. Aber wie schaut es mit deren Larven aus? Eine Schwebfliegenlarve hat nicht viel Ähnlichkeit mit ihrem geflügelten Ich, ist aber trotzdem eine Schwebfliege.

PUPPEN

Während der Metamorphose von der Larve zum fertigen Insekt schützen sich die Tiere durch eine feste und starre Hülle – die Puppe. Auf diese Gebilde stößt man meistens ganz zufällig. Die Puppen von Schmetterlingen können auf Hauswänden, Glasscheiben, Blättern, Stängeln, Holz und vielem mehr gefunden werden. Selbst in der Blumenerde verstecken sie sich. Wenn du welche entdeckst, lass sie am besten dort, wo sie sind.

HÜLLEN

Aber nicht alle Insekten verpuppen sich. Manche sehen von klein auf so aus wie die großen. Um wachsen zu können, häuten sie sich. Andere schlüpfen ohne eine Verpuppung direkt aus ihrer Haut, so wie die Libellen. Ihre leeren Hüllen bleiben zurück.

PFLANZEN-KOMBI-NATIONEN ZUM NACH-PFLANZEN

―

Jeder Balkon ist anders. Der eine ist sonnig und warm, der andere überwiegend schattig. Auch die Ansprüche der Insekten sind verschieden. Deshalb dreht sich in diesem Kapitel alles um wertvolle Pflanzenkombinationen, mit denen die Insekten auf jedem Balkon Einzug halten.

Unter den vorgestellten Blumenarten gehören viele zu den bei uns heimischen Wildpflanzen. Sie haben für unsere Insekten mehr Vorteile als exotische Arten, weil sie außerdem Nahrung für solche Wildbienen bieten, die auf den Pollen und Nektar von ganz bestimmte Blumenarten angewiesen sind. Darüber hinaus dienen sie Schmetterlingsraupen als Futterpflanzen.

Aber kein Stress! Die Bepflanzung mit einheimischen Blumenarten muss nicht dogmatisch erfolgen. Hier und da eine exotische Pflanze ist völlig in Ordnung. Vor allem, wenn sie reichlich Pollen und Nektar für Honigbienen, Hummeln und andere unspezialisierte Bienenarten liefert. Achte nur darauf, keine invasiven Arten wie die Kanadische Goldrute zu verwenden.

Auch wenn es sich bei den vorgestellten Blumen nicht um die typischen Kübelpflanzen handelt, eignen sie sich dennoch für die Bepflanzung in Gefäßen. Sie haben sich auf meinem Balkon und bei anderen Naturbalkongärtner:innen gut bewährt. Es sollte jedoch immer auf die Größe der Kübel geachtet werden – nimm im Zweifel lieber eine Nummer größer als zu klein.

Ich habe die Musterbepflanzungen so gewählt, dass nicht alle der enthaltenen Blumenarten gleichzeitig blühen. Das hat den Vorteil, dass den Insekten über einen längeren Zeitraum Pollen und Nektar zur Verfügung stehen. Es hat aber auch den Nachteil, dass auf den Fotos nicht alle Pflanzen in voller Blüte stehen. Alles kann man nicht haben ...

PFLANZENKOMBINATIONEN ZUM NACHPFLANZEN

TIPPS FÜR DIE BEPFLANZUNG

Bevor es an die konkreten Bepflanzungsbeispiele geht, möchte ich dir ein paar allgemeine Tipps geben, mit denen du Platz und Pflanzkübel sparen und Schäden auf dem Balkon sowie Pflanzenausfälle vermeiden kannst.

———

Mediterrane Kräuter lassen sich dank der ähnlichen Ansprüche gut gemeinsam in Kübeln oder Kästen kombinieren.

Duftnessel in voller Blüte

Anbinden verhindert Sturmschäden.

PFLANZEN KOMBINIEREN

Arten mit ähnlichen Ansprüchen, zum Beispiel hohem oder niedrigem Wasserbedarf, können gemeinsam in einen ausreichend großen Kübel gepflanzt werden. Eine Pflanze, die viele Nährstoffe benötigt, gehört jedoch nicht mit einer Pflanze in denselben Topf, die nur wenige Nährstoffe braucht. Eine von beiden würde das nicht lange überleben. Für das Beispiel „Sonnig und heiß" auf Seite 70/71 gilt das für den Fenchel und den Sand-Thymian. Der Fenchel benötigt deutlich mehr Nährstoffe und Wasser als der Sand-Thymian. Er gehört deshalb in einen eigenen Kübel, während der Sand-Thymian sehr gut mit der Heide-Nelke im selben Gefäß kombiniert werden kann.

PFLANZEN ODER SÄEN

In den meisten Listen finden sich überwiegend Jungpflanzen. Das hat den Vorteil, dass die Blumen bereits im Pflanzjahr zur Blüte kommen können. Mit etwas Geduld können alle Arten auch ausgesät werden. Die Stauden und Zweijährigen blühen dann im Folgejahr.

STURM

Hoch wachsende Pflanzen können schon bei mäßigen Windböen mitsamt dem Topf umkippen. Um das zu verhindern, kannst du Pflanze oder Topf am Geländer festbinden. Je größer der Kübel, desto standsicherer. Außerdem müssen große Gefäße seltener gegossen werden und bieten den Pflanzen mehr Wurzelraum und ausgeglichenere Wachstumsbedingungen.

Sonne satt und üppige Blüten lassen Bienen und Hummeln voll auf ihre Kosten kommen.

SONNIG-HEISSER SÜDBALKON

EINKAUFSLISTE

Jungpflanzen
— 1 x Bannater-Kugeldistel
— 1 x Fenchel
— 3 x Heide-Nelke
— 2 x Kronen-Lichtnelke
— 1 x Rosenmalve
— 2 x Sand-Thymian
— 4 x Schafgarbe
— 3 x Wiesen-Flockenblume

Mein Tipp:
Eine Mulchschicht aus Kieseln verringert die Verdunstung und damit den Trockenstress.
Ein Sonnenschirm, der so aufgestellt ist, dass er genau über die Mittagszeit Schatten spendet, bekommt den Pflanzen ausgesprochen gut und spart Gießwasser.

Die Temperaturen auf Südbalkonen liegen meist deutlich über denen auf freier Fläche, denn die Südwand eines Gebäudes, ebenso wie Glasflächen, wandeln die einfallenden Sonnenstrahlen in Wärme um. Was im Frühling und Herbst angenehm ist und das Pflanzenwachstum unterstützt, kann im Sommer schnell zu viel des Guten sein.

Für den sonnig-heißen Balkon eignen sich die folgenden Arten, weil sie spezielle Strategien entwickelt haben, mit denen sie die teils extremen Bedingungen ohne Schaden überstehen. Du pflanzt oder säst sie am besten im zeitigen Frühling aus, wenn Sonneneinstrahlung und Temperaturen noch moderat sind. Vor Spätfrösten sollten die zarten Jungpflanzen allerdings geschützt werden. Für die Pflanzen, die es mager mögen wie Heide-Nelke und Sand-Thymian, eignet sich als Substrat ein Gemisch aus Lehm (alternativ Kokosfasern), Sand und Kompost, bei dem der Sandanteil etwas höher ist (1:2:1). Die Pflanzen, die etwas mehr Nährstoffe benötigen wie Schafgarbe und Kronen-Lichtnelke, erhalten das Gemisch im Mengenverhältnis 1:1:1, in dem alle Komponenten zu gleichen Teilen beigefügt sind.

Auch wenn diese Pflanzen alle Sonne und Trockenheit gut verkraften, gilt dennoch: Die Töpfe und Kübel, in denen Wurzelraum und Wasservorrat begrenzt sind, sollten immer ausreichend mit Wasser versorgt werden. Ein stets leicht feuchtes Substrat verhindert Trockenstress und damit die Anfälligkeit für Krankheitserreger und Schädlinge. Staunässe vertragen diese Pflanzen nicht.

Du hast einen großen Kübel? Diese Arten können auch gut zusammengepflanzt werden: Kugeldistel, Wiesen-Flockenblume, Schafgarbe und Kronen-Lichtnelke.

PFLANZEN FÜR DEN SONNIG-HEISSEN SÜDBALKON

BANATER-KUGELDISTEL
Echinops bannaticus

PFLANZUNG & PFLEGE:
Die Jungpflanze einzeln in ein Gemisch aus Lehm (oder Kokosfasern), Sand und Kompost (1:1:2) pflanzen. Wegen der Pfahlwurzel und Wuchshöhe von bis zu 120 cm in große Töpfe pflanzen. Eventuell nachdüngen.

INSEKTEN: Die blauen Blüten werden von bis zu 55 Wildbienenarten besucht, besonders intensiv von Hummeln. Für den Distelfalter ist sie eine Raupenpflanze.

FENCHEL
Foeniculum vulgare

PFLANZUNG & PFLEGE:
In ein Gemisch aus Lehm (oder Kokosfasern), Sand und Kompost (1:1:2) pflanzen. Wegen der langen Pfahlwurzel große Töpfe oder Kübel verwenden. Wird von Jahr zu Jahr stattlicher – bis zu 200 cm hoch. Nachdüngen im Sommer.

INSEKTEN: Die Blüten sind bei Honigbienen, Wildbienen, solitären Wespen und Schwebfliegen sehr beliebt. Das Fenchelkraut ist Raupenfutter für den Schwalbenschwanz.

HEIDE-NELKE
Dianthus deltoides

••• ☀ 💧 🪴 VI-X

PFLANZUNG & PFLEGE: Jungpflanzen in ein Gemisch aus Lehm (oder Kokosfasern), Sand und Kompost (1:2:1) pflanzen. Mehrere 15 bis 30 cm hohe Heide-Nelken können zusammen in mittelgroße Töpfe gesetzt oder mit Sand-Thymian kombiniert werden.

INSEKTEN: Wichtige Nektarpflanze für langrüsselige Insekten, insbesondere Tag- und Nachtfalter. Der Duft und die pink-violette Farbe der Blüten wirken anziehend auf Schmetterlinge.

KRONEN-LICHTNELKE
Silene coronaria

•• ☀ 💧 🪴 VI-VII

PFLANZUNG & PFLEGE: In ein Gemisch aus Lehm (oder Kokosfasern), Sand und Kompost (1:1:1) pflanzen. Mehrere Exemplare können zusammen oder auch mit Schafgarbe in mittelgroße Töpfe gepflanzt werden. Eventuell nachdüngen. Sehr aussaatfreudig.

INSEKTEN: Die pinken Blüten werden von Schmetterlingen und einigen Wildbienen besucht. Die filzige Behaarung der Blätter wird von der Garten-Wollbiene als Baumaterial geerntet.

ROSEN-MALVE
Malva alcea

••• ☀ 💧 🪴 VII–IX

PFLANZUNG & PFLEGE:
In ein Gemisch aus Lehm (oder Kokosfasern), Sand und Kompost (1:1:2) pflanzen. Wegen der Wuchshöhe von 40 bis 100 cm mittelgroße bis große Gefäße verwenden. Nachdüngung erforderlich.

INSEKTEN: Gute Bienenweide für Honig- und Wildbienen mit viel Pollen und Nektar. Hummelmagnet. Raupenpflanze für manche Schmetterlingsarten wie den Malven-Dickkopffalter und den Malven-Blattspanner.

SAND-THYMIAN
Thymus serpyllum

••• ☀ 💧 🪴 VI–X

PFLANZUNG & PFLEGE:
Jungpflanzen in ein Gemisch aus Lehm (oder Kokosfasern), Sand und Kompost (1:2:1) pflanzen. Mit max. 20 cm Wuchshöhe eignen sich kleine bis mittelgroße Töpfe. Rückschnitt nach der Blüte.

INSEKTEN: Sand-Thymian ist eine gute Bienenweide und wird sowohl von Wild- als auch Honigbienen intensiv besucht. Schmetterlinge, Fliegen und solitäre Wespen nutzen ihn. Er ist auch Raupenpflanze für manche Bläulinge.

PFLANZEN FÜR DEN SONNIG-HEISSEN SÜDBALKON

GEWÖHNLICHE SCHAFGARBE
Achillea millefolium

PFLANZUNG & PFLEGE:
Jungpflanzen in ein Gemisch aus Lehm (oder Kokosfasern), Sand und Kompost (1:1:1) pflanzen. Die bis zu 60 cm hohen Pflanzen benötigen mittelgroße Töpfe.

INSEKTEN: Auf Schafgarbe-Blüten sind fast immer Insekten zu entdecken, darunter Wildbienen (Sand- und Furchenbienen), Schwebfliegen, Bock- und Prachtkäfer, solitäre Wespen, Blattwespen und bis zu 23 Schmetterlingsarten.

WIESEN-FLOCKENBLUME
Centaurea jacea

PFLANZUNG & PFLEGE:
Jungpflanzen in ein Gemisch aus Lehm (oder Kokosfasern), Sand und Kompost (1:1:2) pflanzen. Mehrere Exemplare können zusammen in große Töpfe oder Kübel gepflanzt werden. Wuchshöhe 30 bis 80 cm.

INSEKTEN: Ihre pinken Blüten werden von vielen Schmetterlingsarten besucht, für die sie eine wichtige Nektarpflanze darstellt. Außerdem kommen mehr als 90 Wildbienenarten zum Pollen- und Nektarsammeln vorbei.

Ein schattiger Balkon wird im Sommer zur kühlenden Oase. Hier sind die Blüten zurückhaltender, das Blattwerk prächtiger. Insekten finden sich dennoch ein.

PFLANZENKOMBINATIONEN ZUM NACHPFLANZEN

HALBSCHATTIGER BIS SCHATTIGER NORDBALKON

EINKAUFSLISTE

Jungpflanzen
— 3 x Akelei
— 3 x Bärlauch
— 2 x Fingerhut
— 2 x Weicher Frauenmantel
— 1 x Waldgeißbart
— 1 x Wurmfarn
— 3 x Zitronenmelisse

Saatgut
— Weiße Taubnessel

Mein Tipp:
Weiße Töpfe, Textilien und Möbel reflektieren mehr kostbares Licht. Das hellt den Balkon optisch auf und lässt die Pflanzen besser wachsen.

Ein halbschattiger Balkon ist für viele üppig wachsende Pflanzen ideal. Hier kommt es im Sommer seltener zu Trockenstress und auch sonst sind die Bedingungen gut ausbalanciert. Viele Blumenarten gedeihen hier gut.

Ein halbschattiger Balkon erhält mindestens vier bis sechs Stunden Sonne am Tag, im Frühling und Herbst eher vier, im Sommer sechs Stunden. Diese Sonnenmenge genügt den meisten Pflanzen für ein optimales Wachstum und eine zahlreiche Blütenbildung. Ein halbschattiger Balkon ist nicht schwer zu bepflanzen.

Gelangt die Sonne jedoch auch im Sommer weniger als vier Stunden an einen Standort, gilt er als schattig. Dann wachsen die meisten Blumen nur noch spärlich und bilden wenige oder gar keine Blüten. Eine attraktive, üppige und insektenfreundliche Bepflanzung kann lediglich mit der Wahl schattenverträglicher Gewächse gelingen.

Die Übergänge zwischen Halbschatten und Schatten sind oft fließend. Aber die meisten Schattenstauden gedeihen auch im Halbschatten gut, oft sogar besser. Es gilt: Je sonniger sie stehen, umso feuchter sollte das Substrat sein. Dieses besteht idealerweise aus einem Gemisch aus Lehm (Alternative: Kokosfasern), Sand und Kompost im Verhältnis (1:1:2). Staunässe wird, außer von der Melisse, von allen vorgestellten Pflanzenarten zumindest kurzzeitig vertragen. Eine Mulchschicht aus Pflanzenresten oder Holzhäckseln ist sehr förderlich. Sie verringert nicht nur die Verdunstung, die meisten Schattenstauden kennen und mögen diese Schicht aus ihren natürlichen Habitaten.

Wer einen großen Kübel hat, kann Akelei, Frauenmantel, Taubnessel und Melisse auch zusammenpflanzen.

PFLANZEN FÜR NORDBALKONE

GEWÖHNLICHE AKELEI
Aquilegia vulgaris

PFLANZUNG & PFLEGE:
Die bis zu 80 cm hohe Staude eignet sich einzeln für mittelgroße und in Kombination mit anderen Pflanzen für große Kübel. Nach der Blüte welken die Blätter und Stängel. Düngung im Frühling mit Kompost. Sät sich gut selbst aus.

INSEKTEN: Langrüsselige Insekten wie Schmetterlinge und Hummeln gelangen an den reichlich vorhandenen Nektar in den Honigblättern. Kurzrüsselige Hummeln beißen die Honigblätter auf.

BÄRLAUCH
Allium ursinum

PFLANZUNG & PFLEGE:
Jungpflanzen in Grüppchen in mittelgroße Töpfe pflanzen. Düngung im Spätwinter mit viel Kompost. Blätter sterben nach der Blüte ab. Substrat ganzjährig feucht halten, damit die Zwiebeln nicht austrocknen. Blätter und Blüten sind essbar.

INSEKTEN: Wie bei den meisten Lauch-Arten werden auch die Blüten des Bärlauchs von Insekten besucht, hauptsächlich von Wildbienen und einigen Fliegen.

ROTER FINGERHUT
Digitalis purpurea

PFLANZUNG & PFLEGE:
Wird bis zu 1,5 m hoch und eignet sich deshalb nur für große, tiefe Kübel. Im Frühling mit Kompost und stickstoffreichem Biodünger versorgen. Sät sich gut aus. Alle Pflanzenteile sind hochgiftig!

INSEKTEN: Von den Wildbienen sind nur größere Hummeln kräftig genug, um an den Nektar zu gelangen. Raupenfutterpflanze für einige Schmetterlinge, z. B. den Rotfingerhut-Blütenspanner.

WEICHER FRAUENMANTEL
Alchemilla mollis

PFLANZUNG & PFLEGE:
Der 30 bis 40 cm hohe und bis zu 50 cm breite Frauenmantel wird einzeln am besten in mittelgroße oder zu zweit in große Töpfe gepflanzt. Düngung im Frühling und Frühsommer mit Kompost. Rückschnitt nach der Blüte. Verkleinerung der Staude durch Teilung nach dem Winter.

INSEKTEN: An den Blüten saugen vor allem Wildbienen und verschiedene Fliegenarten, darunter Schwebfliegen.

WALD-GEISSBART
Aruncus dioicus

PFLANZUNG & PFLEGE:
Der bis zu 2 m hohe Wald-Geißbart wird in einen großen Kübel gepflanzt und mit Langzeitdünger, z. B. Hornspäne, versorgt: in das Substrat einarbeiten. Jährlich ausgiebig im Frühling und Frühsommer mit Kompost düngen, eventuell mit weiteren organischen Düngern ergänzen.

INSEKTEN: Die Blüten locken Wildbienen, Schmetterlinge, Käfer und Schwebfliegen in großer Zahl an. Raupenfutterpflanze.

WEISSE TAUBNESSEL
Lamium album

AUSSAAT & PFLEGE: Aussaat in Anzuchterde. Anschließend die Jungpflanzen in kleinen Gruppen oder als Kombinationspartner in mittelgroße Kübel pflanzen. Düngung im Frühling und Frühsommer mit Kompost. Blätter und Blüten essbar.

INSEKTEN: Sehr gute Nektarweide für Honigbienen, Hummeln und andere Wildbienen. Der Pollen wird von mehreren Wildbienen gesammelt. Gute Raupenpflanze, z. B. für die Quellhalden-Goldeule.

PFLANZEN FÜR NORDBALKONE

ECHTER WURMFARN
Dryopteris filix-mas

PFLANZUNG & PFLEGE: Den ausladenden, bis zu 100 cm hohen Farn in ein mittelgroßes bis großes Gefäß pflanzen. Düngung im Frühling und Frühsommer mit viel Kompost. An halbschattigem Standort das Substrat stets gut feucht halten. Blüht nicht.

INSEKTEN: Wegen der fehlenden Blüten (weder Nektar noch Pollen) kommen nur wenige Insekten. Aber gute Raupenfutterpflanze für Achateule und Purpurglanzeule.

ZITRONENMELISSE
Melissa officinalis

PFLANZUNG & PFLEGE: Pflanzung in mittelgroße Kübel. Düngung im Frühling und Frühsommer mit Kompost. Verträgt eine Mulchschicht aus Kieseln besser als eine aus Holz oder Blättern. Staunässe vermeiden. Blüht im Halbschatten etwas üppiger als im Schatten. Beliebte Teepflanze.

INSEKTEN: Die Zitronenmelisse ist eine hervorragende Bienenweide für Honig- und Wildbienen, aber auch für einige Schmetterlinge.

Krokus

Schachblume

Märzenbecher

Traubenhyazinthe

DIE BESTEN FRÜHLINGSBLÜHER

Die Insektensaison auf dem Balkon startet vielerorts schon im März, wenn die Gehörnten Mauerbienen aus den Nisthilfen schlüpfen und die Hummelköniginnen auf Nestsuche gehen. An bunten Frühblühern finden sie in der nahrungsknappen Zeit Nektar und Pollen.

KROKUS: BLÜTEN AM LAUFENDEN BAND

Eine der ersten Bienenweiden im zeitigen Frühjahr ist der Krokus. Er öffnet meist schon Ende Februar seine Blüten und blüht bis in den März hinein. Er enthält viel Pollen und Nektar. Nach dem Vergilben der oberirdischen Pflanzenteile können die Krokuszwiebeln ausgegraben und trocken gelagert werden.

MÄRZENBECHER: DER ZWEITE IM FRÜHLING

Etwas komplizierter wird es für die Insekten beim Märzenbecher, der im Anschluss an den Krokus blüht. Um an den Nektar zu gelangen, müssen Bienen und Hummeln erst spezielle Zellen aufbeißen oder anbohren. Märzenbecher, auch die eingelagerten Zwiebeln, benötigen ein stets feuchtes Substrat, damit sie nicht austrocknen.

TRAUBENHYAZINTHEN: KLEINE GLOCKEN FÜR DEN BALKON

Ab Ende März öffnen sich die glöckchenförmigen Blüten der Traubenhyazinthen. Sie sind sowohl bei Bienen als auch bei Schmetterlingen heiß begehrt. Sie bilden schnell große Mengen an Zwiebeln, die im Topf verbleiben oder trocken bis zum Spätsommer, wenn sie wieder gesetzt werden, gelagert werden können.

SCHACHBLUMEN: ÜBERGANG ZUM FRÜHSOMMER

Im April beginnt die Zeit der wunderschönen Schachblumen. Sie werden von Bienen und Hummeln besucht. Ähnlich wie beim Märzenbecher benötigen die Zwiebeln ein feuchtes Substrat und vertragen kein Austrocknen.

Mein Tipp:
Wenn die ersten Blätter ausgetrieben sind, vertragen viele Frühblüher ein Durchfrieren des Topfes nicht mehr. Du erkennst den Spätfrostschaden daran, dass die Blätter nicht mehr weiterwachsen, stattdessen kannst du sie leicht aus der Erde ziehen. In größeren Töpfen mit einer isolierenden Schicht lassen sich Verluste verringern (siehe S. 40/41). Traubenhyazinthen überstehen in kleineren und ungeschützten Töpfen die Spätfröste meist unbeschadet.

SUMPFPFLANZEN IN KÜBELN

EINKAUFSLISTE

Jungpflanzen
— 2 x Baldrian
— 2 x Blut-Weiderich
— 2 x Mädesüß
— 1 x Pfennigkraut
— 2 x Straußblütiger Gilbweiderich
— 1 x Sumpf-Schwertlilie
— 1 x Wasserdost
— 2 x Wasser-Minze

Mein Tipp:
Wähle ein leichtes Gefäß wie eine Zinkwanne oder einen Emailletopf für die Sumpfpflanzen. Allein das Gewicht des Wassers ist schon hoch genug, das Gewicht eines schweren Betonbeckens sollte auf einem Balkon wegen der begrenzten Nutzlast nicht noch obendrauf kommen.

Das Potenzial von Sumpfpflanzen wird immer noch komplett unterschätzt. Leider sind sie auf Balkonen kaum vertreten. Dabei gehören sie zu den üppigsten Blühern und besten Insektenmagneten.

Viele Sumpfpflanzen sind eine beliebte Anlaufstelle für Insekten, da sie in der Regel reich an Nektar und Pollen sind. Die meisten Sumpfpflanzen sind robust, pflegeleicht und können in Kübeln ohne Abfluss, in ausrangierten großen Kochtöpfen, Zinkwannen oder Ähnlichem eingepflanzt werden. Besonders gut gedeihen sie auf sonnigen und halbschattigen Balkonen. Schattige Nordbalkone funktionieren nicht.

Zwar verbrauchen Sumpfpflanzen mehr Wasser als die Trockenspezialisten und mediterranen Kräuter. Dafür können sie in gut mit Wasser gefüllten Kübeln ohne Weiteres mehrere Tage ohne Gießen auskommen.

Als Substrat eignet sich eine Mischung aus Lehm (Kokosfasern), Sand und Kompost im Verhältnis 1:1:2. Die Kübel ohne Abzug werden zu ca. drei Vierteln damit befüllt und die Pflanzen eingesetzt. Der Rest wird mit Wasser aufgefüllt. Wenn du den Wasserbereich zusätzlich mit Kieselsteinen versiehst, entsteht automatisch eine sichere Insektentränke.

Für einige Sumpfpflanzen können auch Kübel mit Abzug verwendet werden. Dann benötigen sie aber zusätzlich einen Übertopf oder Untersetzer, der das Wasser hält und eine zu schnelle Austrocknung verhindert. Sofern im Kübel ausreichend Platz ist, erfolgt eine Düngung im Frühling mit Kompost. Alternativ und zusätzlich (bei hohem Nährstoffbedarf) kann auch spezieller Teichdünger verwendet werden.

SUMPFPFLANZEN

ECHTER BALDRIAN
Valeriana officinalis

BLUT-WEIDERICH
Lythrum salicaria

PFLANZUNG & PFLEGE: Baldrian wächst am besten in Kübeln mit Abzug und stets feuchtem Substrat. Seine Stängel sollten nicht dauerhaft im Wasser stehen. Düngung im Frühling mit Kompost. Bildet Ausläufer.

INSEKTEN: Die Blüten bieten Nektar und Pollen und werden von Schmetterlingen, Honig- und Wildbienen besucht. Raupenpflanze für mehrere Schmetterlingsarten, z. B. Baldrian-Blütenspanner.

PFLANZUNG & PFLEGE: Der 100 bis 150 cm hohe Blut-Weiderich wird in mittelgroße bis große Gefäße gepflanzt. Er kann sowohl im Sumpfkübel als auch im Kübel mit Abzug wachsen. Düngung im Frühling und Frühsommer mit reichlich Kompost.

INSEKTEN: Sehr nektarreiche Blüten, die von Honig- und Wildbienen, Schwebfliegen und Schmetterlingen intensiv besucht werden. Raupenpflanze für mehrere Schmetterlingsarten.

ECHTES MÄDESÜSS
Filipendula ulmaria

PFENNIGKRAUT
Lysimachia nummularia

PFLANZUNG & PFLEGE: Das bis zu 150 cm hohe Mädesüß wächst am besten in Kübeln mit Abzug und stets feuchtem Substrat. Untersetzer verwenden. Düngung im Frühling und Frühsommer mit Kompost.

INSEKTEN: Die Blüten bieten Nektar und Pollen und werden von Schmetterlingen, kleinen Wildbienen wie Schmalbienen, Käfern und Fliegen besucht. Raupenpflanze für mehrere Schmetterlingsarten.

PFLANZUNG & PFLEGE: Pflanzung in kleine bis mittelgroße Gefäße ohne Abfluss. Kann als Über- und Unterwasserpflanze (bis zu 30 cm Wassertiefe) wachsen. Die nur 5 cm hohe Pflanze breitet sich kriechend aus. Düngung mit Pflanzenjauche oder Teichpflanzendünger nur bei Mangelerscheinungen.

INSEKTEN: Die Blüten bieten ausschließlich Pollen und werden von Bienen, (Schweb-)Fliegen und Käfern besucht.

STRAUSSBLÜTIGER GILBWEIDERICH
Lysimachia thyrsiflora

PFLANZUNG & PFLEGE: Pflanzung in mittelgroße bis große Gefäße ohne Abfluss. Rhizom etwa 10 cm tief unter die Wasseroberfläche in das Substrat setzen. Bildet viele Ausläufer. Nachdüngung mit Pflanzenjauche oder Teichpflanzendünger nur bei Mangelerscheinungen.

INSEKTEN: Die Blüten bieten hauptsächlich Pollen und werden von Wildbienen, (Schweb-)Fliegen und Käfern besucht.

SUMPF-SCHWERTLILIE
Iris pseudacorus

PFLANZUNG & PFLEGE: Pflanzung in große Gefäße ohne Abfluss. Rhizom 10 cm tief unter die Wasseroberfläche in das Substrat setzen. Nachdüngung mit Pflanzenjauche oder Teichpflanzendünger. Verträgt sehr hohe Nährstoffgehalte.

INSEKTEN: Die Blüten bieten reichlich Nektar und Pollen und werden von Bienen und Schmetterlingen besucht. Raupenpflanze für mehrere Schmetterlingsarten, z. B. Markeulen.

SUMPFPFLANZEN

WASSERDOST
Eupatorium cannabinum

••• ☀ ⛅ 🪣 🪴 VII–VIII

WASSER-MINZE
Mentha aquatica

••• ☀ ⛅ 🪣 🪴 VII–IX

PFLANZUNG & PFLEGE: Wasserdost wird rund 120 cm hoch. Er hat ähnliche Ansprüche wie der Blut-Weiderich und kann ebenfalls im Sumpfkübel oder im Kübel mit Abzug wachsen. Düngung im Frühling und Frühsommer mit reichlich Kompost.

INSEKTEN: Nektar- und pollenreiche Blüten, die von zahlreichen Schmetterlingen und Wildbienen besucht werden. Raupenpflanze für mehrere Schmetterlingsarten wie Wasserdost-Goldeule.

PFLANZUNG & PFLEGE: Die bis zu 60 cm hohe Wasser-Minze wird in mittelgroße bis große Gefäße ohne Abfluss gepflanzt. Bildet viele Ausläufer. Nachdüngung mit Pflanzenjauche oder Teichpflanzendünger nur bei Mangelerscheinungen. Teepflanze.

INSEKTEN: Die Blüten werden sehr gern von (Schweb-)Fliegen besucht, aber auch von Wildbienen und Schmetterlingen. Raupenpflanze für das Wasserminzen-Kleinbärchen.

Zottiges Weidenröschen

Nachtkerze

Nachtviole

Schmalblättriges Weidenröschen

NACHTS AUF DEM BALKON

In der Dämmerung ziehen sich die Bienen, Fliegen und Wespen allmählich an ihre Ruheplätze zurück. Das heißt aber nicht, dass es stumm wird auf dem Balkon. In lauen Sommernächten summt und brummt es weiter an den Blüten – die Zeit der Nachtschwärmer hat begonnen.

Sie fliegen eilig von Blüte zu Blüte und suchen nach solchen, die ihnen nachts Nektar spendieren. Das ist längst nicht bei allen der Fall. Aber wir können ja dafür sorgen, dass sie welche finden.

NACHTKERZE
Wie der Name schon vermuten lässt, ist sie eine Pflanze für die dunklen Stunden. Sie öffnet ihre Blüten erst am späten Nachmittag oder Abend. Weil sie viel Nektar produziert und etliche Wochen am Stück blüht, ist sie für Mensch und Nachtschwärmer gleichermaßen ein Gewinn.

NACHTVIOLE
Die rosa-violett blühende Nachtviole macht es ähnlich wie die Nachtkerze. Zwar bietet sie rund um die Uhr Nektar, aber am liebsten gewährt sie ihn den nachtaktiven Schmetterlingen. Deshalb verströmen die Blüten erst ab dem Abend ihren Duft und locken damit viele Schwärmer an. Ihre Blätter hingegen sind Raupenfutter für verschiedene Schmetterlinge wie den Aurorafalter.

WEIDENRÖSCHEN
Doch Nektar allein reicht den Nachtfaltern nicht zum Überleben. Was ihnen in unseren aufgeräumten Städten fehlt, sind die Futterpflanzen für ihre Raupen. An dieser Stelle kommen das Schmalblättrige und das Zottige Weidenröschen ins Spiel. Beide sind wichtige Nektarpflanzen und zusätzlich Raupenfutter für gleich mehrere nachtaktive Schmetterlingsarten, darunter der wunderschöne, pink-beige Mittlere Weinschwärmer (siehe S. 55).

Mein Tipp:
Für kleine Balkone: Haupttriebe der Pflanzen auf ca. 25 cm Höhe kappen, dann wachsen sie mehrtriebig und kompakter.

DOPPELTER NUTZEN

EINKAUFSLISTE

Jungpflanzen
— 3 x Gurke
— 1 x Oregano
— 1 Topf Petersilie
  (Supermarkt)
— 1 Topf Schnittlauch
  (Supermarkt)
— 1 x Thymian
— 3 x Tomate

Saatgut
— Hohe Erbsensorte
  (z. B. 'Blauschwokker')
— Wilde Rauke, Rucola

Sollen wir die Bepflanzung des Balkons nur den Insekten widmen, obwohl wir auch leckeres Obst, Gemüse und gesunde Kräuter anbauen könnten? Natürlich nicht! Es gibt eine ganze Reihe von Nutzpflanzen, mit denen wir uns und gleichzeitig den Insekten etwas Gutes tun können.

Bei einigen Nutzpflanzen brauchen wir die Insekten sogar. Zum Beispiel beim beliebten Balkonobst: Erdbeer-, Himbeer-, Apfelblüten und Co. werden von Insekten bestäubt. Übrigens nicht nur von Honigbienen, sondern auch von Wildbienen und Schwebfliegen. Erst durch ihr gemeinsames Werk reifen große und schmackhafte Früchte heran.

Bei vielen Gemüsearten werden ebenfalls Blüten gebildet, die von Insekten reichlich angeflogen werden.

Nicht zuletzt lassen sich viele Insekten die Früchte unserer Nutzpflanzen gut schmecken und bedienen sich mit uns zusammen an der Ernte. Das ist schon in Ordnung!

Von den Nutzpflanzen findest du viele Arten saisonal als Jungpflanzen im Gartencenter. Im Supermarkt erhältst du manche Kräuter ganzjährig als Topfware. Andere bekommst du leichter als Saatgut. Du kannst alternativ alle Arten als Saatgut kaufen und aussäen. Wichtig ist, dass du für mediterrane Kräuter wie Thymian und Oregano nährstoffarmes Substrat und für Starkzehrer wie Tomaten und Gurken ein nährstoffreiches Substrat verwendest und regelmäßig nachdüngst. So bleiben deine Pflanzen gesund und einer reichen Ernte steht nichts im Weg.

Großer Kübel vorhanden? Du kannst Petersilie, Schnittlauch, Rauke und Erbse kombinieren und damit die positiven Effekte der Mischkultur auf die Pflanzengesundheit nutzen.

Ein Nutzgarten auf dem Balkon: Obst, Gemüse und Kräuter werden von Menschen und Insekten gleichermaßen geschätzt.

GEMÜSE UND KRÄUTER

ERBSE
Pisum sativum

GURKE
Cucumis sativus

AUSSAAT & PFLEGE: Aussaat in 5-cm-Abständen im Frühling in ein Gemisch aus Lehm (oder Kokosfasern), Sand und Kompost (1:1:2) in Blumenkästen, große Töpfe oder Kübel mit Rankhilfe. Bis zur Schotenbildung regelmäßig mit etwas organischem Flüssigdünger nachdüngen.

INSEKTEN: Die nektarreichen Blüten sind nur für große Bienen zugänglich, z. B. für Hummeln oder die Platterbsen-Mörtelbiene. Raupenpflanze für mehrere Nachtfalterarten.

PFLANZUNG & PFLEGE: Jungpflanzen in ein Gemisch aus Lehm (oder Kokosfasern), Sand und Kompost (1:1:2) in große Töpfe oder Kübel pflanzen, mit Rankhilfe versehen. Zusätzlich stickstoffreichen Biodünger einarbeiten. Hin und wieder mit organischem Flüssigdünger nachdüngen. Seitentriebe ausgeizen.

INSEKTEN: Vor allem Hummeln und andere (Wild-)Bienen sowie Grabwespen besuchen die Blüten.

OREGANO, DOST
Origanum vulgare

PETERSILIE
Petroselinum crispum

PFLANZUNG & PFLEGE: Pflanzung in ein Gemisch aus Lehm (oder Kokosfasern), Sand und Kompost (1:1:1) in ein mittelgroßes Gefäß. Düngung im Frühling mit etwas Kompost und Gartenkalk. Dünne Mulchschicht aus Splitt oder Kieseln aufbringen. Staunässe vermeiden.

INSEKTEN: Enthält sehr viel zuckerreichen Nektar und ist deshalb bei Honigbienen, Wildbienen und Schmetterlingen extrem beliebt.

PFLANZUNG & PFLEGE: Jungpflanzen aus dem Topf vereinzeln und in ein Gemisch aus Lehm (oder Kokosfasern), Sand und Kompost (1:1:2) in mindestens 25 cm tiefe Töpfe pflanzen. Nach ein paar Wochen mit Kompost nachdüngen.

INSEKTEN: Die Blüten werden von vielen kleineren Wildbienenarten und verschiedenen (Schweb-)Fliegen und Schmetterlingen besucht, die auf Doldenblüter spezialisiert sind.

WILDE RAUKE, RUCOLA
Diplotaxis tenuifolia

••• ☀ ⛅ 💧 🗑 VI–X

AUSSAAT & PFLEGE: Aussaat im Frühling in ein Gemisch aus Lehm (oder Kokosfasern), Sand und Kompost (1:1:2) in mindestens 25 cm tiefe Töpfe oder Kübel. Zu dicht gewachsene Jungpflanzen ausdünnen. Nachdüngung mit Kompost im Folgefrühling.

INSEKTEN: Die Blüten werden von vielen kleineren Wildbienenarten und einigen Schmetterlingen besucht. Kohlweißlinge nutzen Wilde Rauke als Raupenpflanze.

SCHNITTLAUCH
Allium schoenoprasum

••• ☀ ⛅ 💧 🗑 V–VII

PFLANZUNG & PFLEGE: Jungpflanzen vereinzeln und grüppchenweise (5 bis 7 Pflänzchen) in ein Gemisch aus Lehm (oder Kokosfasern), Sand und Kompost (1:1:2) in mittelgroße Töpfe pflanzen. Düngung im Frühling mit Kompost. Sehr rückschnittverträglich.

INSEKTEN: Sehr gute Nektarpflanze für Honigbienen, Hummeln, Schmetterlinge und Schwebfliegen. Verdrehte Schnittlauchröhren weisen auf einen Befall mit der Lauch-Minierfliege hin.

ECHTER THYMIAN
Thymus vulgaris

PFLANZUNG & PFLEGE:
Pflanzung in ein Gemisch aus Lehm (oder Kokosfasern), Sand und Kompost (1:1:1) in ein mittelgroßes Gefäß. Düngung im Frühling mit etwas Kompost und Gartenkalk. Staunässe vermeiden. Rückschnitt im Frühjahr. Gut mit Oregano kombinierbar.

INSEKTEN: Die vielen kleinen Blüten liefern reichlich Nektar und werden häufig von Honigbienen, Wildbienen und Schmetterlingen besucht.

TOMATE
Solanum lycopersicum

PFLANZUNG & PFLEGE:
Jungpflanzen in ein Gemisch aus Lehm (oder Kokosfasern), Sand und Kompost (1:1:2) in große Töpfe oder Kübel pflanzen, an Stützstab anbinden. Zusätzlich stickstoffreichen Biodünger einarbeiten. Wöchentlich Nachdüngung mit organischem Flüssigdünger. Seitentriebe ausgeizen (sortenabhängig).

INSEKTEN: Die Blüten werden insbesondere von Hummeln (z. B. Ackerhummel und Dunkle Erdhummel) besucht.

Tauben-Skabiose

Rainfarn

Weiß-Klee

Purpur-Fetthenne

DIE BESTEN ARTEN FÜR DEN HERBST

Mit den kürzer werdenden Tagen stellen die meisten Blumen die Blütenbildung ein. Für Insekten, die sich vor der Überwinterung noch Reserven anfuttern oder Vorräte einlagern müssen, wird das Angebot an Nektar und Pollen immer knapper. Wie gut, dass wir in unserer Bepflanzung auch Spät- und Dauerblüher unterbringen können.

UNERMÜDLICHE DAUERBLÜHER

Es gibt Blumen, die sind so fleißig wie die Bienen selbst. Mit dem Unterschied, dass sie den Nektar und Pollen nicht sammeln, sondern ihn unermüdlich herstellen. Dafür bilden sie bis in den Herbst hinein neue Blüten.

Einer dieser Dauerblüher ist die Tauben-Skabiose. Sie beginnt schon im Juni und blüht dann einfach immer weiter – bis in den Oktober hinein.

Eine andere Pflanze, die bei vielen Gärtnern zwar ein schlechtes Image hat, aber erstaunlich wertvoll für Insekten ist, ist der Weiß-Klee. Er eignet sich hervorragend für die Kübelbepflanzung, braucht kaum Dünger und ist von Mai bis Oktober ein unglaublicher Bienenmagnet.

DIE SPÄTBLÜHER

Was lange währt, wird endlich gut. Dieser Satz trifft auf die Spätblüher zu. Sie haben es nicht eilig und sparen ihre Kräfte auf. Dafür blühen sie dann üppig los, wenn den anderen Blumen schon die Puste ausgeht. Mit ihnen kann das Nektar- und Pollenangebot viel gleichmäßiger über die Vegetationszeit verteilt werden.

Zu diesen Spätblühern gehört die wunderschöne Purpur-Fetthenne. Sie bietet ihren Nektar von Juli bis September an. Ebenso wie der Rainfarn. Er ist außerdem auch eine beliebte Raupenpflanze für mehrere Schmetterlingsarten.

Mein Tipp:
Bei den Dauerblühern kannst du mit dem Rückschnitt verblühter Blütenstände die Neubildung von Blüten unterstützen. Bei Spätblühern funktioniert das wegen der kurzen Blühperiode weniger gut oder gar nicht.

BIENENBUFFET

EINKAUFSLISTE

Jungpflanzen
— 2 x Färberkamille
— 2 x Pfirsichblättrige Glockenblume
— 2 x Wiesen-Salbei

Saatgut
— Borretsch
— Hornklee
— Karde
— Klatsch-Mohn
— Wegwarte (alternativ Chicorée oder Radicchio)

Mein Tipp:
Auch unter den Bienen herrscht Konkurrenz ums Futter. Die großen, anspruchslosen Generalisten können die kleinen, spezialisierten Bienen von den Blüten verdrängen. Pflanze zur Ablenkung der anspruchslosen Bienen deshalb Universal-Trachtpflanzen wie Borretsch und ergänze sie um Blumen, die von spezialisierten Wildbienen genutzt werden (z. B. Glockenblumen).

Wenn auf den Etiketten der Topfpflanzen im Gartencenter das Wort „bienenfreundlich" prangt, dann ist das schon mal nicht schlecht. Das bedeutet, dass diese Pflanzen Pollen und/oder Nektar produzieren, was nicht selbstverständlich ist.

Der Nektar kann von Honigbienen und allen Wildbienenarten gesammelt werden, die keine besonderen Ansprüche an ihre Trachtpflanzen stellen. Sie gehören zu den sogenannten Generalisten. Es gibt jedoch sehr viele Wildbienenarten, die zur Ernährung ihrer Larven auf den Pollen nur weniger Pflanzen angewiesen sind. Sie sind auf diese spezialisiert. Ausgerechnet diese Bienen gehören zu den am meisten gefährdeten Arten. Ein gut durchdachtes Bienenbuffet auf dem Balkon enthält deshalb solche Blumen, die reichlich Pollen und Nektar spenden und zusätzlich Pollenpflanzen für die Spezialisten unter den Wildbienen sind.

Viele dieser Bienenpflanzen, ob ein-, zwei- oder mehrjährig, lassen sich im Frühling einfach aussäen. Zusammen blühen können sie im darauffolgenden Jahr. Die Einjährigen müssen allerdings jedes Jahr neu ausgesät werden. Dafür kannst du einfach die Samen an den reifen Samenständen sammeln, trocken, kühl überwintern und im Frühling erneut aussäen.

Die zweijährigen Arten Borretsch, Wilde Karde und Wegwarte können gemeinsam in ein großes Gefäß gepflanzt werden. Ebenso gut passen Färberkamille, Glockenblume und Wiesen-Salbei zusammen in einen Kübel.

Ein solches Buffet bietet vielen verschiedenen Bienenarten Nahrung: Große Hummeln, Holzbienen, kleine, solitäre Wildbienen und viele mehr bedienen sich an ihm.

BIENENPFLANZEN

BORRETSCH
Borago officinalis

AUSSAAT & PFLEGE: Aussaat im Frühling in ein Gemisch aus Lehm (oder Kokosfasern), Sand und Kompost (1:1:2) in mittelgroße bis große Töpfe oder Kübel. Zu eng stehende Sämlinge ausdünnen und die schwächeren Jungpflanzen entfernen.

INSEKTEN: Borretschblüten produzieren sehr viel zuckerreichen Nektar, der von Honigbienen und Hummeln gesammelt wird. Die gurkenartig schmeckenden jungen Blätter sind ebenso wie die Blüten essbar.

FÄRBERKAMILLE
Anthemis tinctoria

PFLANZUNG & PFLEGE: Jungpflanzen in ein Gemisch aus Lehm (oder Kokosfasern), Sand und Kompost (1:1:1) in mittelgroße Töpfe oder Kübel pflanzen. Eventuell Gartenkalk beimischen und nachdüngen. Rückschnitt verblühter Blüten fördert Neubildung von Blüten.

INSEKTEN: Sehr gute Bienenweide. Über 70 Wildbienenarten (11 davon spezialisierte) nutzen die Färberkamille als Nektar- und Pollenweide.

GEWÖHNLICHER HORNKLEE
Lotus corniculatus

AUSSAAT & PFLEGE: Aussaat im Frühling oder Herbst in ein Gemisch aus Lehm (oder Kokosfasern), Sand und Kompost (1:1:2) in mittelgroße Töpfe oder Kübel. Zu dicht stehende Sämlinge ausdünnen und schwächere Jungpflanzen auszupfen.

INSEKTEN: Obwohl er nur mäßig Nektar und Pollen produziert, ist Hornklee eine außergewöhnlich wertvolle Pflanze für Wildbienen. Über 70 Arten (davon 21 spezialisierte) suchen ihn auf.

WILDE KARDE
Dipsacus fullonum

AUSSAAT & PFLEGE: Die Samen werden einzeln im Frühling oder Herbst in ein Gemisch aus Lehm (oder Kokosfasern), Sand und Kompost (1:1:2) in mittelgroße bis große Töpfe oder Kübel ausgesät. Stickstoffreichen Biodünger einarbeiten oder ab und zu mit Kompost nachdüngen.

INSEKTEN: In den langen Röhrenblüten wird viel Nektar produziert, der von Hummeln und Wildbienen gesammelt wird.

KLATSCH-MOHN
Papaver rhoeas

• ☀ ⛅ 🪣 V–VII

PFIRSICHBLÄTTRIGE GLOCKENBLUME
Campanula persicifolia

••• ☀ ⛅ 🪣 VI–VIII

AUSSAAT & PFLEGE: Aussaat im Frühling oder Herbst in ein Gemisch aus Lehm (oder Kokosfasern), Sand und Kompost (1:1:2) in mittelgroße bis große Töpfe oder Kästen. Zu eng stehende Sämlinge ausdünnen, dabei die kräftigsten stehen lassen.

INSEKTEN: Klatsch-Mohn bildet reichlich Pollen und wird von Honigbienen und vielen Wildbienenarten besucht, darunter Hummeln, Furchen- und Sandbienen oder die Große Holzbiene.

PFLANZUNG & PFLEGE: Die bis zu 80 cm groß werdenden Glockenblumen in ein Gemisch aus Lehm (oder Kokosfasern), Sand und Kompost (1:1:1) in mittelgroße Töpfe oder Kübel pflanzen. Eventuell Gartenkalk beimischen und mit Kompost nachdüngen. Sät sich gern selbst aus.

INSEKTEN: Von den 33 Wildbienenarten an Glockenblumen sammeln acht nur an diesen Pflanzen Nektar und Pollen, z. B. die Glockenblumen-Scherenbiene.

WEGWARTE
Cichorium intybus

AUSSAAT & PFLEGE: Samen der Wegwarte oder deren Kulturformen im Frühling in ein Gemisch aus Lehm (oder Kokosfasern), Sand und Kompost (1:1:2) in mittelgroße bis große Töpfe oder Kübel aussäen. Zu eng stehende Sämlinge ausdünnen.

INSEKTEN: Wegwarte und ihre Zuchtformen bieten viel Pollen und Nektar. Insgesamt werden die Blüten von 86 Wildbienen, davon 17 spezialisierte Arten, aufgesucht.

WIESEN-SALBEI
Salvia pratensis

PFLANZUNG & PFLEGE: Der bis zu 60 cm hoch werdende Wiesen-Salbei wird im Frühling in ein Gemisch aus Lehm (oder Kokosfasern), Sand und Kompost (1:1:1) in mindestens 25 cm tiefe Töpfe oder Kübel gepflanzt. Rückschnitt nach der Blüte fördert Nachblüte. Staunässe vermeiden.

INSEKTEN: 46 Wildbienenarten, hauptsächlich Hummeln, die den salbeitypischen Hebelmechanismus überwinden können, sammeln Nektar am Wiesen-Salbei.

Haben sie eine gute Nektarquelle gefunden, kommen Taubenschwänzchen täglich auf einen Besuch vorbei.

EIN BALKON FÜR DAS TAUBENSCHWÄNZCHEN

EINKAUFSLISTE

Jungpflanzen
— 3 x Kartäuser-Nelke
— 3 x Rote Spornblume

Saatgut
— Echtes Labkraut
— Weißes Labkraut

Bei uns gibt es zwar keine Kolibris, dafür haben wir inzwischen das Taubenschwänzchen. Dieser tagaktive Nachtfalter sieht einem Kolibri sehr ähnlich und schwirrt auch genau so um die Blüten. Weil er ein Wanderfalter ist, stammen die meisten der bei uns im Frühling gesichteten Exemplare aus den Regionen südlich der Alpen. Später kommt der hier geschlüpfte Nachwuchs hinzu.

Was braucht das Taubenschwänzchen? Mit seinem Flugstil verbraucht der Falter enorm viel Energie, weshalb er vergleichsweise viel Nektar trinken muss. Am liebsten fliegt er schmale, röhrenförmige Blüten an, die nur von langrüsseligen Insekten genutzt werden können. Hier ist die Konkurrenz durch Bienen geringer. Wie viele andere Schmetterlinge auch, fühlt er sich von pinken, violetten und bläulichen Blüten angezogen.

Neben einem reichen Nektarangebot benötigt das Taubenschwänzchen natürlich Raupenpflanzen für die Eiablage. Bei uns kommen dafür verschiedene Labkräuter infrage. Weil die Raupen recht groß werden, benötigen sie mehrere Raupenpflanzen, um satt zu werden.

Die Labkräuter können sehr gut mit der Spornblume im selben Kübel kombiniert werden. Die Kartäuser-Nelke steht dagegen lieber allein.

PFLANZEN FÜR TAUBENSCHWÄNZCHEN

ECHTES LABKRAUT
Galium verum

KARTÄUSER-NELKE
Dianthus carthusianorum

AUSSAAT & PFLEGE: Aussaat im Frühling in ein Gemisch aus Lehm (oder Kokosfasern), Sand und Kompost (1:1:2) in mittelgroße Töpfe oder Kübel. Zu dicht stehende Sämlinge ausdünnen. Nicht zurückschneiden. Vermehrung erfolgt durch Ausläufer und Samen.

ÖKOLOGISCHER WERT: Das Echte Labkraut ist eine wichtige Raupenpflanze für das Taubenschwänzchen. Die Eiablage findet meistens am späten Nachmittag statt.

PFLANZUNG & PFLEGE: Die bis zu 50 cm hoch werdende Kartäuser-Nelke wird im Frühling in ein Gemisch aus Lehm (oder Kokosfasern), Sand und Kompost (1:1:1) in mindestens 20 cm tiefe Kübel gepflanzt. Zurückschneiden abgeblühter Blüten fördert Nachblüte. Staunässe vermeiden.

ÖKOLOGISCHER WERT: Der Nektar befindet sich am unteren Ende der schmalen, röhrenförmigen Blüten und ist nur langrüsseligen Insekten wie dem Taubenschwänzchen zugänglich.

ROTE SPORNBLUME
Centranthus ruber

WEISSES LABKRAUT
Galium album

PFLANZUNG & PFLEGE:
Die 50 bis 80 cm hoch werdende Rote Spornblume wird im Frühling in ein Gemisch aus Lehm (oder Kokosfasern), Sand und Kompost (1:1:2) gepflanzt. Sie benötigt einen mindestens 25 cm tiefen Kübel.

ÖKOLOGISCHER WERT:
Der Nektar befindet sich am unteren Ende der schmalen, röhrenförmigen Blüten und ist nur langrüsseligen Insekten wie dem Taubenschwänzchen zugänglich.

AUSSAAT & PFLEGE:
Aussaat im Frühling in ein Gemisch aus Lehm (oder Kokosfasern), Sand und Kompost (1:1:2) in mittelgroße Töpfe oder Kübel, gern als Begleitung zu anderen Pflanzen. Zu dicht stehende Sämlinge ausdünnen. Nicht zurückschneiden.

ÖKOLOGISCHER WERT:
Das Weiße Labkraut eignet sich als Raupenpflanze für das Taubenschwänzchen auf halbschattigen Balkonen mit Nachmittagssonne.

WAS INSEKTEN SONST NOCH BRAUCHEN

—

Die vorherigen Seiten waren ausgiebig der Bereitstellung von Nahrung für die verschiedenen Insektenarten gewidmet. Damit ist einer der wichtigsten Punkte abgehakt und wir können uns sicher sein, dass wir damit einen wichtigen Beitrag gegen das Insektensterben leisten. Dennoch sind unsere sechsbeinigen Freunde damit noch nicht ausreichend versorgt. Ein paar Dinge fehlen noch auf der Liste für ein sorgenfreies Insektenleben.

An erster Stelle steht das Wasser. Eine gut erreichbare, sichere Wasserstelle ist vor allem für die staatenbildenden Bienen und Hummeln von großer Bedeutung, da sie vergleichsweise große Wassermengen für die Versorgung ihrer Brut benötigen. Insektentränken dürfen deshalb auf keinem Balkon fehlen.

Ebenso wichtig sind geeignete Verstecke, in die sich die kleinen Tiere zurückziehen können: vor ihren Fressfeinden, vor Starkregen, vor Sonne oder Wind. Und natürlich für die Überwinterung.

Einige Insektenarten können wir sogar mit der Bereitstellung von Nistmöglichkeiten und Nistmaterial unterstützen. Allseits bekannt sind die Bienennisthilfen, die es zu kaufen gibt. Bei guter Qualität werden diese gern von Mauerbienen und Solitärwespen genutzt. Aber auf dem Balkon können wir noch mehr tun und auch solchen Insekten Nisthilfen und -material anbieten, die keine vorgefertigten Röhren und Hohlräume besiedeln.

Last but not least gibt es einen Punkt, der für die Insekten ebenfalls von großer Bedeutung ist. Vielleicht sogar von noch größerer als die anderen. Für die kleinen Sechsbeiner sind nicht schlechtes Wetter, fehlende Verstecke oder Wassermangel die größte Bedrohung, sondern wir Menschen. Wir nehmen ihnen ihre Lebensräume, teilen sie ein in gut und böse und bekämpfen diejenigen, die wir als schädlich einstufen. Deshalb ist es für die Insekten von entscheidender Bedeutung, dass wir ihnen gegenüber mit Toleranz begegnen. Auf dem Balkon bedeutet das beispielsweise, Fraßschäden an Blumen bis zu einem gewissen Grad zu akzeptieren und bei größeren Schäden wie Kahlfraß, die Verursacher nur zu reduzieren statt sie komplett auszumerzen.

WASSERSTELLEN

Wasser ist unentbehrlich und wird von vielen Insekten auf unterschiedliche Weise genutzt. Als Bestandteil ihrer Nahrung ist es lebensnotwendig. Daneben wird es aber auch als Hilfsstoff im Baumaterial verwendet oder dient selbst als Lebensraum.

MINITEICHE

Besitzen Miniteiche geeignete Landestellen, werden sie von Honigbienen und anderen staatenbildenden Insekten intensiv zum Wasserholen aufgesucht. Weil sie aber auch über offene Wasserflächen verfügen, fallen immer wieder Insekten hinein und ertrinken. Dagegen helfen Schwimmpflanzen wie Wasserlinsen und Zwergseerosen. Sie verringern die freien Wasserflächen, verhindern das Ertrinken und schützen den Teich zudem vor Überhitzung. Ganz bedeckt sollte der Miniteich jedoch nicht sein. Schließlich sollen sich Wasserkäfer, Rückenschwimmer und Libellen wie die Fledermaus-Azurjunger auf dem Foto einfinden, die das Wasser als Lebensraum für sich oder ihre Larven benötigen. So müssen wir uns auch weniger Gedanken über lästige Mücken machen. Teichtechnik ist übrigens überflüssig, Wasserinsekten sind viel anspruchsloser als Fische.

1 Miniteiche sind schön und wertvoll. Ihr Gewicht ist auf einem Balkon allerdings zu berücksichtigen.

2 Insektenfreundliche Tränken für naturnah gepflegte Balkone sind schnell und einfach erstellt.

2 IN 1: KÜBEL MIT WASSERSTELLE

Platz ist knapp auf dem Balkon. Warum also nicht viel öfter Multifunktionslösungen verwenden? Besonders schön und nützlich ist die Kombinationen aus Blumenkübel und Wasserstelle. Ein Gefäß ohne Abzugslöcher wird mit Erde befüllt, mit Sumpfpflanzen bepflanzt und mit Kieselsteinen abgedeckt. Das Wasser wird so hoch eingefüllt, dass es zwischen den Kieseln zu sehen ist, diese aber nicht bedeckt. Solche sicheren Wasserstellen sind bei Bienen oft beliebter als Miniteiche.

ZUM NISTEN UND VERSTECKEN

Geeignete Nistgelegenheiten und Plätze zum Verstecken machen den Insektenbalkon komplett. Nun können die kleinen Sechsbeiner hier Schutz finden und den Staffelstab an die Folgegeneration überreichen.

Hartholz mit Bohrlöchern als Nisthilfe

Mauerbiene beim Verschließen des Nistgangs

1 Hohle Pflanzenstängel immer regengeschützt anbringen.

2 Schale mit feuchtem Lehm als Baumaterial für Insekten

3 Die Trichter verraten es: Ein vergessener Blumenkasten, dessen Blumenerde aus Sand und Kompost bestand, wurde zu einer Kinderstube für Ameisenlöwen.

NISTMÖGLICHKEITEN & MATERIAL
Nistmöglichkeiten und -material sind in Städten knapp. Ganz besonders in neuen und modernisierten Stadtteilen. Dort fehlt es an so banalen, aber wichtigen Dingen wie Lehm, Sand, Totholz und abgestorbenen Stängeln.

Vorgefertigte Niströhren
Am einfachsten lassen sich solche Insekten unterstützen, die ihre Brutzellen in vorhandenen Röhren anlegen. Dafür eignen sich Nisthilfen aus Schilf-, Bambus- und Pappröhrchen oder Holz mit vorgebohrten Löchern.

Lehm
Viele Insekten verschließen ihre Niströhren mit Lehm. Diesen müssen sie oft von weit her holen. Mit einer Handvoll feuchten Lehm in einem kleinen Schälchen kannst du ihnen die gefährliche Strecke ersparen.

Markhaltige Stängel
Für Wildbienen, die sich auf den Nestbau in markhaltigen Stängeln spezialisiert haben, kannst du einfach ein paar dieser Stängel einzeln und aufrecht in eure Blumentöpfe stecken und mehrere Jahre stehen lassen, geeignet sind u. a. die Triebe von Brombeeren, Königskerzen, Disteln und Beifuß.

Sandarium
Eine Nisthilfe, die auf dem Balkon aus Platzgründen eher weniger von Wildbienen besiedelt wird, ist das sogenannte Sandarium. Für sie müsste es mindestens einen halben Quadratmeter groß und 50 cm tief sein. Das heißt aber nicht, dass kleine Sandarien nicht besiedelt werden, nur eben von anderen Insekten: Wenn der verwendete Sand fein und rieselfähig ist und das Sandarium regengeschützt steht, finden sich vielleicht sogar Ameisenlöwen ein.

VERSTECKE UND ÜBERWINTERUNGSPLÄTZE

Bei Unwettern und im Winter müssen sich Insekten zurückziehen können. Dafür nutzen sie kleine Höhlen im Holz, Boden oder unter der Vegetation. Auf dem Balkon können wir solche Unterschlupfmöglichkeiten schnell und einfach herstellen.

Totholz

Für viele Insekten gibt es nichts Besseres als Totholz. Das liegt vor allem an seiner Vielfältigkeit. In schmalen Ritzen und vorhandenen Fraßgängen lassen sich echte Premium-Unterschlüpfe finden. Sie schützen nicht nur vor Regen, sondern isolieren im Winter auch vor Kälte. Besonders beliebt sind die kleinen Hohlräume in und unter der borkigen Rinde von dickeren Ästen und Holzscheiten. In kleinen, aber dichten Reisighaufen finden sich ebenso viele Versteckmöglichkeiten.

Blumenerde

Manche Insekten bevorzugen jedoch ein sicheres Plätzchen im Blumenkübel. In Blumenerde, die reich an organischen Bestandteilen ist, fühlen sie sich wohl. Dort finden oder bauen sie gut geschützte Erdhöhlen. Vorsicht ist jedoch bei zu viel Feuchtigkeit geboten. Staunässe ist vor allem im Winter, wenn die Tiere wegen der Kälte unbeweglich sind und nicht ausweichen können, eine große Gefahr. Sie sollte unbedingt vermieden werden.

Übrigens nutzen auch Wildbienen gern Blumenerde. Statt in einem Sandarium nisten Totholz-Blattschneiderbienen lieber in bepflanzten Blumenkästen.

Laub(-mulch)

Eine gute Schicht Laub im Blumenkübel wirkt wahre Wunder. Zahlreiche Kleintiere werden hier einziehen, denn sie schützt vor Regen, Sonne und Kälte. Darüber hinaus entsteht in ihr ein günstiges Mikroklima mit hoher Luftfeuchtigkeit, auf das viele Insekten angewiesen sind.

1
Eine Blattschneiderbiene legt ihr Nest im Blumenkasten an.

2
Der Echte Widderbock benötigt Totholzäste. Sie dienen ihm als Schutz, aber vor allem auch als Brutstätte.

WILDBIENEN-NISTKASTEN

1 Für deinen Wildbienen-Nistkasten benötigst du einen Klotz aus Hartholz, zum Beispiel Buche oder Eiche, der mindestens 15 cm tief ist. Bohre mit einer Bohrmaschine Löcher mit Durchmessern zwischen 2 bis 10 cm möglichst tief in die Längsholzseite.

2 Entferne mit einem Stäbchen oder einer Strohhalm-Bürste sämtliche Späne aus dem Bohrloch. Entgrate mit einer Feile die Ränder der Löcher, um Flügelverletzungen bei den Wildbienen zu vermeiden.

3 Baue aus Weichholzbrettern wie Fichte oder Kiefer einen Rahmen für deinen Holzklotz. Hier sind deiner Fantasie keine Grenzen gesetzt. Wenn der Rahmen mehrere Fächer hat, kannst du diese mit zusätzlichen Nisthilfen wie Bambus-, Schilf- oder Pappröhrchen sowie Lehm füllen.

4 Hänge den Wildbienen-Nistkasten an einer sonnigen oder halbschattigen Stelle auf. Diese sollte vor Regen geschützt sein, zum Beispiel an einer Hauswand unter einem Vordach.

AUFMERKSAMKEIT UND TOLERANZ

Wer aufmerksam ist, hat mehr von seinem Balkon. Und die Insekten, die dort leben, ebenso. Wer genau hinschaut, der entdeckt oft Situationen, in denen die kleinen Tiere Unterstützung brauchen. Sei es die kleine Scherenbiene, die an der Nisthilfe keinen freien Nistgang mehr findet. Oder der Rosenkäfer, der in einen Übertopf gefallen ist, aus dem er allein nicht mehr herauskommt.

Wer genau hinsieht, der stellt fest, wie abwechslungsreich und dynamisch die Insektenwelt auf dem Balkon ist. Mauerbienen werden nach dem Frühling von anderen Wildbienenarten abgelöst, Hummelköniginnen von den Arbeiterinnen. Immer andere solitäre Wespen schwirren um die Blüten und Nisthilfen. Raupen und Schwebfliegenlarven tauchen an den Blättern auf und sind wenige Tage später wieder verschwunden. Sie alle profitieren von einem insektenfreundlichen Balkon und beeinflussen sich oft gegenseitig.

Deshalb muss man sich auch keine großen Sorgen machen, wenn plötzlich ein paar Schadinsekten auftauchen. Eine Bekämpfung ist entweder gar nicht oder nur eingeschränkt nötig. Auf chemische Bekämpfungsmittel kann gänzlich verzichtet werden.

Nur wenn wir den Tieren ihre Rollen im ökologischen Gleichgewicht zugestehen, kann sich dieses einstellen. Auch wenn wir dafür mitunter unsere Toleranzschwelle weit nach oben verschieben müssen und ein paar der unliebsamen Insekten akzeptieren. Nur dann können wir den Insekten wirklich helfen.

Mein Tipp: Schnapp dir eine Bestimmungs-App oder ein Buch und lerne die Arten, die deinen Balkon besuchen, kennen.

SERVICE

ZUM WEITERLESEN UND BESTIMMEN

Bellmann, Heiko: **Der Kosmos-Insektenführer.** Kosmos-Naturführer: Fast 1000 Arten, häufig auch Raupen oder Puppen. Kosmos

Bellmann, Heiko: **Welches Insekt ist das?** Kosmos-Naturführer: Das Pocket-Format. 170 Insekten einfach bestimmen. Kosmos

Grieb, Ortrud: **Wildkräuter in Töpfen & Kübeln.** Pflanzen und genießen. So wächst Natur auf dem Balkon. Kosmos

Hecker, Frank: **Wer summt denn hier?** Insektensommer. Kosmos

Kern, Simone: **Mein Garten summt!** Ein Platz für Bienen, Schmetterlinge und Hummeln. Kosmos

Kern, Simone: **Wilde Kübel.** Unkompliziert, naturnah, insektenfreundlich. Kosmos

Oftring, Bärbel: **Worauf fliegst du?** Tierparadiese pflanzen und pflegen. Kosmos

Mischitz, Véro: **Insektenwelt für Ahnungslose.** Krabbeltiere sehen und lieben lernen. Kosmos

Witt, Reinhard: **Das Wildpflanzen Topfbuch.** Ausdauernde Arten für Balkon, Terrasse und Garten. Lebendig, pflegeleicht, nachhaltig. Verlag Dr. Reinhard Witt

INTERNET-TIPPS
www.bund.net
www.floraweb.de
www.nabu.de
www.naturadb.de

DIE AUTORIN

Mareike Fedders ist Diplom-Agraringenieurin und hat sich auf ökologischen Pflanzenbau spezialisiert. Tiere, Pflanzen, Naturschutz und Naturgärten liegen ihr seit vielen Jahren am Herzen. Sie verfolgt das Ziel, sich von der Natur inspirieren zu lassen und attraktive, pflegeleichte und ökologisch wertvolle Lösungen zu finden, um vielen Arten im Garten einen Lebensraum zu bieten. Ihr Wissen teilt sie gern mit so vielen naturbegeisterten Gärtnern wie möglich – auch über ihren Blog und Newsletter: *www.naturgarten-anlegen.de*

REGISTER

Die **hervorgehobenen** Seitenzahlen verweisen auf Abbildungen.

A
Achateule 81
Achillea millefolium 75, **75**
Ackerhummel 97
Admiral 52, **52**
Akelei 77 f., **78**
Alchemilla mollis 79, **79**
Allium schoenoprasum 96, **96**
– *ursinum* 78, **78**
Ameisenjungfer, Gefleckt-flüglige 61, **61**
Ameisenlöwe 117
Anthemis tinctoria 102, **102**
Anzucht, Pflanzen- 21 f., 25
Aquilegia vulgaris 78, **78**
Aruncus dioicus 80, **80**
Aurorafalter 91
Aussaat 25
Azurjungfer, Fledermaus- **114**, 115

B
Baldrian 84, 86, **86**
Baldrian-Blütenspanner 86
Balkon, Traglast 16
Banater-Kugeldistel 70, 71 f., **72**
Bärlauch 77 f., **78**
Bepflanzung 68 f.
Bestimmungs-App 121
Bewässerung 26 f., 31
Biene 10, 94
Bienenpflanzen 83, 100 ff.
Bims 21
Blähton 26, **26**
Blattläuse 38, **38**
Blattschneiderbiene 47, **47**, 118, **118**
Blattspanner, Malven- 74
Blattwespe 50 f., **50**, 75
Bläulinge 74
Blumenerde 20 ff., 118
Blütenspanner 79, 86
Blut-Weiderich 84, 86, **86**
Bockkäfer 75
Bokashi-Dünger 33
Borretsch 100, 102, **102**
Brennnesselsud 39, **39**

C
Campanula persicifolia 104, **104**
Centaurea jacea 75, **75**
Centranthus ruber 109, **109**
Cichorium intybus 105, **105**

D
Dauerblüher 98 f.
Dianthus carthusianorum 108, **108**
– *deltoides* 73, **73**
Dickkopffalter, Malven- 74
Digitalis purpurea 79, **79**
Diplotaxis tenuifolia 96, **96**
Dipsacus fullonum 103, **103**
Distelfalter 72
Dost 95, **95**
Drainageschicht 26
Dryopteris filix-mas 81, **81**
Duftnessel 69, **69**
Dünger 32 f.

E
Echinops bannaticus 72, **72**
Einpflanzen 26 f., **27**
Engerlinge 44, 58
Erbse 92, 94, **94**
Erde, Substrat 20 ff.
Erdhummel, Dunkle 97
Eupatorium cannabinum 89, **89**

F
Färberkamille 100, 102, **102**
Fenchel 69, 71 f., **72**
Fetthenne, Purpur- **98**, 99
Filipendula ulmaria 87, **87**
Fingerhut 77, 79, **79**
Fledermaus-Azurjungfer **114**, 115
Fliegen 60 f., 87
Flockenblume, Wiesen- 71, 75, **75**
Florfliege 10, 38, 61, **61**
Foeniculum vulgare 72, **72**
Frauenmantel, Weicher 77, 79, **79**
Frostempfindliche Pflanzen 40 f.
Frühlingsblüher 82 f.
Furchenbiene 75, 104
Futterpflanzen 66

G
Galium 108 f., **108 f.**
Gartenhummel 49, **49**
Garten-Wollbiene 48, **48**, 73
Gefäße 18 f.
Geißbart, Wald- 77, 80, **80**
Gemüse 92 ff.
Generalisten 100
Gilbweiderich, Strauß-blütiger 84, 88, **88**
Glanzeule, Purpur- 81
Glockenblume, Pfirsich-blättrige 100, 104, **104**
Glockenblumen-Scherenbiene 104
Goldeule 80, 89
Goldglänzender Rosenkäfer 57, **57**
Grabwespen 94
Gurke 92, 94, **94**

H
Hain-Schwebfliege 60, **60**
Halbschattiger Balkon 77 ff.
Haus-Feldwespe 51
Heide-Nelke 69, 71, 73, **73**
Heuschrecke 10
Holzbiene, Große 104
Holzgefäße 19
Honigbiene 46, **46**, 72, 74, 80 f., 86, 95 ff., 100 ff.
Hornklee, Gewöhnlicher 100, 103, **103**
Hornspäne 33, **33**
Hummel 49, **49**, 72, 74, 78 f., 94, 97, 102 f., 105

I
Insekten 41 ff., 58 f., 63
Insektentränke 115
Iris pseudacorus 88, **88**

J
Jungpflanzen 69
– einpflanzen 26 f.

K
Käfer 10, 56 ff., 80, 87 f.
Karde, Wilde 100, 103, **103**
Kartäuser-Nelke 107 f., **108**
Klatsch-Mohn 100, **101**, 104, **104**
Klee 32, **98**, 99
Kleinbärchen, Wasserminzen- 89
Kleiner Fuchs 53, **53**
Kohlweißling 54, **54**, 58, 59, 96
Kokosfasern, Substrat 21
Kokosmatte, Winterschutz 40

Kompost 21, **22**, 33, **33**, 35
Königskerzen-Mönch 55, **55**, 58, 59, 62
Krankheiten, Pflanzen- 38 f.
Kräuter 68, **68**, 92 ff.
Krokus 82, 83
Kronen-Lichtnelke 71, 73, **73**
Kübel 18 f.
Kugeldistel, Banater- 70, 71 f., **72**
Kunststoffgefäße **18**, 19

L
Labkräuter 107, 108 f., **108 f.**
Lamium album 80, **80**
Larven 58 f., 63
–, Marienkäfer- **58**, 59
–, Rosenkäfer- 44, 59
–, Schwebfliegen- 62
Lehm **22**, 117
Libelle 10, 62, **114**, 115
Lichtnelke, Kronen- 71, 73, **73**
Lotus corniculatus 103, **103**
Lysimachia 87 f., **87 f.**
Lythrum salicaria 86, **86**

M
Mädesüß, Echtes 84, 87, **87**
Malve, Rosen- 71, 74, **74**
Malven-Blattspanner 74
– -Dickkopffalter 74
Marienkäfer 38, 56, **56**
–, Eier 62
–, Larven **58**, 59
Markeule 88
Märzenbecher 82, 83
Mauerbiene 10, **10**, 46 f., **46 f.**, 116
Mehltau 38, **38**
Melissa officinalis 81, **81**
Mentha aquatica 89, **89**
Metallgefäße **18**, 19
Miniteich 115
Minze, Wasser- 84, 89, **89**
Mittlerer Weinschwärmer 55, **55**, 91
Mohn, Klatsch- 100, **101**, 104, **104**
Mörtelbiene, Platterbsen 94
Mulchen 37, **37**, 71, 77, 118
Musterbepflanzungen 65 ff.

123

N
NABU-Insektensommer 13
Nachtfalter 73, 94
Nachtkerze **90**, 91
Nachtviole **90**, 91
Nährstoffe 32 f.
Naturbalkon 9
Nelke, Heide 69, 71, 73, **73**
–, Kartäuser- 107, 108, **108**
Netzflügler 60 f.
Nisthilfen 116 f., 119, **119**
Nordbalkon 77 ff.
Nutzpflanzen 92 ff.

O
Obst 92 ff.
Ollas 26
Origanum vulgare 95, **95**

P
Papaver rhoeas 104, **104**
Perlit 21
Petersilie 92, 95, **95**
Pfennigkraut 84, 87, **87**
Pflanzenpflege 36 ff., **37**
Pflanzenjauche 33
Pflanzenkombinationen 65 ff.
Pflanzung 26 f.
Pikieren 25

Pilzinfektionen 39
Platterbsen-Mörtelbiene 94
Prachtkäfer 75
Purpur-Fetthenne **98**, 99
Purpur-Glanzeule 81

Q
Quellhalden-Goldeule 80

R
Rainfarn **98**, 99
Rauke, Wilde 92, 96, **96**
Raupenfutterpflanze 79 ff., 86 ff., 94, 96, 108 f.
Regentonne **30**, 31
Rosenkäfer, Goldglänzender 57, **57**
–, Larven 44, 59
Rosen-Malve 71, 74, **74**
Rostpilz 39
Rostrote Mauerbiene 46, **46**
Rotfingerhut-Blütenspanner 79
Rückenschwimmer 115
Rucola 92, 96, **96**

S
Salbei, Wiesen- 100, 105, **105**
Sämlinge jäten **36**, 37

Sand, Substrat 20 ff.
Sandarium 117
Sandbiene 75, 104
Sand-Thymian 69, 71, 74, **74**
Schachblume 82, 83
Schädlinge 38 f., **38**
Schafgarbe 71, 75, **75**
Schattiger Balkon 77 ff.
Scherenbiene, Glockenblumen- 104
Schlupfwespe 10, 50 f., **50**
Schmetterlinge 10, 52 ff., 73, 75, 78 ff., 86 ff., 95 ff.
Schnittlauch 92, 96, **96**
Schwalbenschwanz 72
Schwebfliege 10, **11**, 60, **60**, 72, 75, 79 f., 86, 88
–, Larve 62
Schwertlilie, Sumpf- 84, 88, **88**
Schwimmkäfer 57, **57**
Schwimmpflanzen 115
Seidenbiene 48, **48**
Silene coronaria 73, **73**
Skabiose, Tauben- **98**, 99
Sonnenhut 32
Sonnig-heißer Südbalkon 70 ff.
Spätblüher 98 f.
Spätfrostschaden 83
Spornblume, Rote 107, 109, **109**
Staunässe 77
Steinhummel 49, **49**
Stickstoff 32
Straußblütiger Gilbweiderich 84, 88, **88**
Sturmschäden vermeiden 69
Substrat 20 ff.
Sumpfpflanzen 84 ff.
Sumpf-Schwertlilie 84, 88, **88**

T
Tagfalter 73
Tagpfauenauge 53, **53**
Taubenschwänzchen **11**, 54, **54**, **106**, 107 ff.
Tauben-Skabiose **98**, 99
Taubnessel, Weiße 80, **80**
Teichdünger 84
Thymian, Echter 92, 97, **97**
–, Sand- 69, 71, 74, 74
Tomate 92, 97, **97**
Töpfe 18 f., **18**
Torf 21
Totholz 118
Trachtpflanzen, Universal- 100

Traglast, Balkon 16
Tränke, insektenfreundliche 115
Traubenhyazinthe 82, 83
Trockenstress verhindern 71

U
Überwinterung, Pflanzen 40 f.
Überwinterungsplätze für Insekten 118
Unterschlupf, Insekten 41

V
Valeriana officinalis 86, **86**
Vermiculite 21
Vlies 40

W
Wald-Geißbart 77, 80, **80**
Wanzen 10
Wasserdost 84, 89, **89**
Wasserdost-Goldeule 89
Wasserinsekten 10
Wasserkäfer 115
Wasserlinse 115
Wasser-Minze 84, 89, **89**
Wasserminzen-Kleinbärchen 89
Wasser, Insekten 114 f.
–, Pflanzen 21, 26, 30 f., 37
Wegwarte 100, 105, **105**
Weidenröschen **90**, 91
Weiderich, Blut- 84, 86, **86**
Weinschwärmer, Mittlerer 55, **55**, 91
Wespe 10, **10**, 50 f., **50**, 72
Widderbock 118, **118**
Wiesen-Flockenblume 71, 75, **75**
Wiesen-Salbei 100, 105, **105**
Wildbiene 46 ff., 66, 72, 74, 78, 80, 86 ff., 95 ff., 100 ff., 119
Wildpflanzen 66
Winterschutz, Balkon 40, **40**
Wollbiene 48, **48**, 73
Wollschweber 60, **60**
Wurmfarn 77, 81, **81**
Wurmhumus 59
Wurmkompost **28**, 33, **34**, 35

Z
Zero Waste 29
Zikaden 10
Zitronenfalter 52, **52**
Zitronenmelisse 77, 81, **81**
Zwergseerose 115

Ihre Themen
—— Unser Newsletter

Sie möchten regelmäßig aktuelle Neuigkeiten, Informationen und Angebote zum Thema Garten erhalten?

**Fundiert recherchiert — Wissen aus der Praxis
Alles Wichtige auf einen Blick**

Dann melden Sie sich jetzt für unseren Newsletter an.

www.kosmos.de/newsletter

BILDNACHWEIS

97 Farbfotos wurden von Mareike Fedders für dieses Buch aufgenommen.

Weitere Farbfotos von: **AdobeStock (6):** /Ingo Bartussek: 9 o.li., 30; /Luise123: 128; /pietro quadrelli: 58 u.li.; /Sasa Komlen: 60 li.; /Stefanie: 68; **Flora Press (36):** /BIOSPHOTO: 2 Mi.li., 10 o.li., 20, 26 Mi., 46 li., 47 li., 50 u.re., 55 li., 56 re., 58 o.li., 60 re., 61 li.; /Botanical Images 39 li.; /Buiten-Beeld: 52 li.; /FLPA Images of Natur: 11 re., 57 re.; /Christine Ann Föll: 93 o.re.; /Melli Freudenberg: 113; /Daniela Kunze: 33 Mi.re., 39re., 53 re., 98 u.re.; /Thomas Lohrer: 38 Mi.li., /Antje Michaelis-Haeg; 2 u.li.; /Nathalie Pasquel: 10 re.; /Nature In Stock: 38o.li., 98 u.li.; /Gudrun Peschel: 95 li.; /picture&publicity: 31 li.; /Sibylle Pietrek: 2 u.re., 9 re.o., 67; /Visions: 31 re., 54 li., 89 li., 103 re.; **GAP Photos (21):** /GAP Photos: 21 re., 24, 27 (alle 4), 97 re., 115 re.; /Maxine Adcock: 26 o.; /BBC Magazines Ltd: 21 li.; /Christa Brand: 16; /Paul Debois: 6; /Jacqui Dracup: 45; /Victoria Firmston: 28 u.li.; /Tim Gainey: 28 o.li.; /Lynn Keddie: 95 re.; /Fiona Lea: 76 o.re.; /Nova Photo Graphik: 14; /Nicola Stocken: 33 li., 37 re.; /Brent Wilson: 58 u.re. **Naturfoto Hecker (15):** /Heiko Bellmann: 55 re., 61 re.; Frank Hecker: 48 li., 50 o.li., 53 li., 58 o.re., 110, 114, 116 li., 116 re., 117 Mi.li., 119 (alle 4); **Antje Kohlstedde (4):** 8, 12 o.li., 66, 120/121; **Marianne Majerus Garden Images (1):** /Marianne Majerus: 4; **Mauritius Images (15):** Alamy Stock Photos/Miriam Dörr: 101 o.re.; Alamy Stock Photos /Vera Duchovskaja; /Stockimo: 17; Alamy Stock Photos/Christian Musat: 106 o.; Alamy Stock Photos/Danie Nel Photography: 28 o.re.; Alamy Stock Photos/Stefan Rotter: 112; Alamy Stock Photo/Julia Unkrig: 12 u.li.; Chromorange/Weingartner-Foto: 97 li.; imageBROKER: 54 re.; imageBROKER/Farina Graßmann: 76 u.li.; imageBROKER/Dieter Mahlke: 10 Mi.li.; image-BROKER/Wilfried Martin: 2 u.re., 101 o.li.; nature picture library/Phil Savoie: 49 re.; nature picture library/Kim Taylor: 47 re.; nature picture library/Alan Williams: 46 re., **Privat (1):** 122; **Gartenbildagentur Strauss (6):** /Friedrich Strauss: 7, 12 o.re., 64, 69 li., 115 li.; /VisionsPictures: 2 o.li

IMPRESSUM

Umschlag- und Klappengestaltung von Claudia Eder, Schönburg unter Verwendung von 10 Farbfotos von Adobe Stock/Victoria P. (Umschlagvorderseite: Balkonsituation); shutterstock/Aliaksei Marozau (Umschlagvorderseite: Hummel auf Blüte); shutterstock/Trofimov Denis (Umschlagvorderseite: Hummel im Flug); Adobe Stock/Benny Trapp (Umschlagrückseite) sowie Naturfoto Hecker /Heiko Bellmann: (Innenklappe vorn: 3., 4.), /Frank Hecker (Innenklappe vorn: 1.); Antje Kohlstedde (Außenklappe vorn); Mauritius Images: /Alamy Stock Photos/blickwinkel/Schmidbauer (Innenklappe hinten), /Alamy Stock Photos/Tomasz Klejdysz (Innenklappe vorn: 2.).

Mit 212 Farbfotos.

Unser gesamtes Programm finden Sie unter **kosmos.de.**
Über Neuigkeiten informieren Sie regelmäßig unsere Newsletter, einfach anmelden unter **kosmos.de/newsletter**

Gedruckt auf umweltfreundlichem Papier, klimaneutral hergestellt.

© 2024, Franckh-Kosmos Verlags-GmbH & Co. KG,
Pfizerstraße 5–7, 70184 Stuttgart.
Alle Rechte vorbehalten
Wir behalten uns auch die Nutzung von uns veröffentlichter Werke für Text und Data Mining im Sinne von §44b UrhG ausdrücklich vor.
ISBN 978-3-440-17823-2
Projektleitung, Redaktion und Bildredaktion: Carolin Küßner
Gestaltungskonzept: Claudia Eder, Schönburg
Gestaltung & Satz: Claudia Adam Graphik-Design, Bad Kreuznach
Produktion: Klaus Jost
Druck & Bindung: Gugler GmbH, A-Melk/Donau
Printed in Austria/Imprimé en Autriche

Der Inhalt dieses Buches ist sorgfältig recherchiert und erarbeitet worden. Dennoch können weder Autorin noch Verlag für alle Angaben im Buch eine Haftung übernehmen. Alle Angaben in diesem Buch erfolgen nach bestem Wissen und Gewissen. Sorgfalt bei der Umsetzung ist indes geboten. Verlag und Autorin übernehmen keinerlei Haftung für Personen-, Sach- oder Vermögensschäden, die aus der Anwendung der vorgestellten Materialien und Methoden entstehen können. Dabei müssen rechtliche Bestimmungen und Vorschriften berücksichtigt und eingehalten werden. Die Blütenfarben sind sortenabhängig, daher können auch Farben auf dem Markt sein, die im Buch nicht genannt werden. Die Blütezeiten sind ebenfalls sortenabhängig, aber auch klima- und standortabhängig. Die angegebenen Wuchshöhen und -breiten der Pflanzen sind Mittelwerte. Sie können je nach Nährstoffgehalt des Bodens variieren. Verschiedene Sorten können deutlich größer oder auch kleiner wachsen als die Art.

Tierfreundlich gärtnern für Balkon & Garten

Ein naturnaher, tierfreundlicher Garten bringt vielfachen Nutzen: als Refugium für bedrohte Arten, als Lebensraum für Gartennützlinge und als Erlebnis für den Menschen, der die Tiere aus nächster Nähe beobachten kann. Dieses Buch zeigt, wie man seinen Garten so gestaltet, dass Vögel, Insekten, Igel und Fledermäuse, aber auch Amphibien und Reptilien gern vorbeikommen und bleiben: mit Blumen und Gehölzen für ausreichende Nahrung, Miniteichen als Trink- und Badestellen, natürlichen Winterquartieren, Schutzzonen und Nisthilfen – auch zum Selberbauen. Ein hilfreicher Ratgeber für Artenschutz im eigenen Garten.

128 Seiten

Ein tierfreundlicher Balkon bringt doppelten Nutzen: für Vögel und Insekten als Lebensraum und für den Menschen zur Freude am Naturerlebnis. Dieses Buch zeigt, wie man seinen Balkon so gestaltet, dass Tiere gern vorbeikommen: mit nektarreichen Sträuchern und Kräutern, Bienenpflanzen und Schmetterlingsblumen, Futter und Wasser sowie Schutzzonen und Nisthilfen – auch zum Selberbauen. Ein praktischer Ratgeber für Naturschutz in der Stadt. KOSMOS – konsequent nachhaltig. Produziert nach dem zertifizierten Cradle-to-Cradle-Prinzip.

128 Seiten

kosmos.de

WAS KRABBELT DENN DA?

Teste jetzt dein Wissen mit dem NABU-Insektentrainer!

WWW.INSEKTENTRAINER.DE

Foto: NABU/CEWE/Marekt Mierzejewski